Mobility as a Service

MaaS 入門

まちづくりのための
スマートモビリティ戦略

森口将之 著

学芸出版社

はじめに

　元号が平成から令和に変わっても、モビリティシーンを取り巻く変革の波は留まることを知らない。中でも注目を集め続けているのがMaaS、モビリティ・アズ・ア・サービスである。

　MaaSは北欧フィンランドで生まれた、新しいモビリティサービスの概念である。筆者は2018年9月にフィンランドを訪れ、行政担当者やMaaSオペレーターから説明を受け、意見を交わした。その成果をメディアやセミナーなどで披露しながら、MaaSについての理解を自分なりに深めていくうちに、日本でのMaaSを取り巻く状況が異質だと感じるようになった。

　我が国ではMaaSを、巨大マーケットを背景とした新しいビジネスと捉える人が多い。しかしMaaSとはICTを用いてマイカー以外の移動をシームレスにつなぐという概念であり、現在の公共交通の財務状況を考えれば、それ自体で大きな利益を上げることは難しい。

　フィンランドにおけるMaaSは、背景に欧州の長年にわたる公共交通改革があり、ここに同国が推進するICT（情報通信技術）が融合する形で生まれたと認識している。誕生の理由も新規ビジネスの創出ではなく、人口集中がもたらす交通問題を解決するためだった。

　我が国では新しいモビリティサービスが登場すると、導入すること自体を目的とする動きが生まれるが、モビリティとはそもそも人間の移動のしやすさを意味する言葉であり、個々の交通は都市や地方の中でスムーズな移動を実現するための手段にすぎない。

　MaaSもまた、それ自体が目的ではない。都市や地方の移動に関するさまざまな課題を解決すべく、既存の交通をICTを駆使してつなぎあわせ、便利で快適な移動に変身させるための概念であり、他のモビリティ同様、まちづくりの一環として考えるべきである。

　フィンランドでの展開事例は、国や都市による長期的なビジョンのもと、10年という時間を掛けて練り上げており、都市のみならず地方での展開も始まっている。交通まちづくりのためのツールというMaaS本来の目的を、本書を通して日本の多くの人々に理解していただければと思っている。

目　次

はじめに　3

序　章　MaaS は交通まちづくりの最強ツール……7

日本にもやってきた MaaS ブーム　7
MaaS は単なる新規ビジネスのネタではない　10
基本は「脱マイカー依存」のための政策ツール　12
MaaS が都市と地方を持続可能にする　14
主導するのは「民間」ではなく「公共」　16
本書について　17

第1章　フィンランドから世界に広がる MaaS……19

MaaS を生んだフィンランドという国　19
ノキアが育んだ情報通信社会　22
日本の 10 年先を行く欧州の都市交通　26
1 都市 1 組織で分かりやすい運賃体系　29
まちづくりの一部としての交通整備　31
米国でも進む公共交通回帰の動き　35

第2章　MaaS の源流になったスマートテクノロジー…39

初めにスマートフォンありき　39
マルチモーダル経路検索の登場　43
ウーバーが拓いた移動のスマート化　46
音楽配信が決定づけた定額サービス　51

第3章　フィンランドとヘルシンキの政策……54

国土整備に関係する組織と施策　54
国の情報公開と規制緩和　57
ヘルシンキ都市交通の概要　61
HSL が管理し HKL が走らせる　67

第4章　MaaS が生まれた理由　　　　　　　　　　　　71

　20 世紀から存在していた改革のうねり　　71
　ITS フィンランドの存在　　75
　「MaaS の父」と呼ばれた男　　79
　2050 年のヘルシンキを考える国際コンペ　　83
　再開発がもたらした公共交通移行への流れ　　86

第5章　ヘルシンキで MaaS を体感する　　　　　　　　89

　MaaS アプリのパイオニア「Whim」　　89
　高評価の理由はオールインワン　　92
　多数のデザイン賞獲得の理由　　96
　積極的な海外展開　　100

第6章　世界で導入が進む MaaS　　　　　　　　　　　102

　MaaS アライアンスの発足　　102
　MaaS レベル評価基準の誕生　　104
　スウェーデンの取り組み　　108
　スイスの取り組み　　111
　米国の取り組み　　115
　台湾の取り組み　　118

第7章　自動車メーカーが MaaS に参入する理由　　　123

　自動車は MaaS に含まれるのか　　123
　ビッグデータが移動を支配する？　　127
　トヨタが仕掛けた二つの先進事例　　129
　トヨタと西鉄のマルチモーダルアプリ　　132
　トヨタとソフトバンクの新会社　　134
　ダイムラーの超小型車スマートの展開　　136
　ダイムラーと BMW のサービス連携　　139

第8章　ルーラル地域とMaaS・・・・・・・・・・・・・・・・・143

アーバンとルーラルの違い　143
フィンランドが主導する地方型MaaS　147
ニュータウンの足をどうするか　149
東急とソフトバンクの地域移動対策　152
貨客混載活用への期待　156
無人運転＋MaaSが最終到達点　157

第9章　日本でのMaaSの取り組み・・・・・・・・・・・・162

国土交通省の対応　162
経済産業省の対応と両省合同プロジェクト　165
八戸市のバス改革　169
京丹後市の複合交通政策　172
JR東日本と東急の取り組み　178
電動車いすWHILLの取り組み　183

第10章　日本でMaaSを根付かせるために・・・・・・・186

MaaSの拡大解釈を危惧する　186
BRTの二の舞にならないために　188
ビジネス重視のまちづくりの弊害　190
MaaSに留まらない交通改革を　193
地方こそMaaSに向いている　195

おわりに　198

序章
MaaSは交通まちづくりの最強ツール

日本にもやってきたMaaSブーム

　本書のテーマであるMaaS（モビリティ・アズ・ア・サービス）は、2018年あたりから、わが国でも話題になりはじめたモビリティ関連の言葉である。直訳すれば「サービスとしてのモビリティ」となる。

　既存のモビリティにもサービスとしての側面があったと考える人もいるだろう。特に公共交通においては、地域住民や観光客など不特定多数の人の移動を提供するのが本来の業務であり、それはサービスと呼ぶことができる。

　しかし既存の公共交通のサービス内容が、世界の多くの地域で自動車優先社会の伸長と公共交通の衰退を招いたことも事実である。

　この傾向は大気汚染や交通渋滞、中心市街地の空洞化や都市空間の非効率化など、さまざまな問題を引き起こす要因にもなっていることから、近年は欧米を中心に公共交通復権の動きが目立ってきている。

LRT（次世代型路面電車システム）やBRT（バス高速輸送システム）などはその結果生まれたシステムである。しかしこれらはまちづくりを含めてハードウェア中心の改革である。

一方のMaaSは近年急速に進化を続けているICT（インフォメーション＆コミュニケーション・テクノロジー）技術を活用することで、ソフトウェアの分野からモビリティ改革をしていこうという概念である。

国土交通省『国土交通政策研究所報第69号（2018年夏季）』では、MaaSは次のように記されている。

> MaaS（Mobility as a Service）は、ICTを活用して交通をクラウド化し、公共交通か否か、またその運営主体にかかわらず、マイカー以外のすべての交通手段によるモビリティ（移動）を一つのサービスとして捉え、シームレスにつなぐ新たな「移動」の概念である。利用者はスマートフォンのアプリを用いて、交通手段やルートを検索、利用し、運賃等の決済を行う例が多い。2015年のITS世界会議で設立されたMaaSアライアンスでは、「MaaSは、いろいろな種類の交通サービスを、需要に応じて利用できる一つの移動サービスに統合することである」とされている。

MaaSを世界でいち早く提唱したのは北欧フィンランドである。筆者は2018年、中央大学研究開発機構のメンバーとともに、フィンランドの運輸通信省、首都ヘルシンキの市役所、その名もMaaSグローバルというオペレーターを訪問し、説明を受けるとともに意見交換を行った。

その結果、フィンランドにおけるMaaSはICT活用による公共交通復権のアクションの一つであると認識した。

視察を終えた我々は、日本における昨今の報道の中でのMaaSについて、以下の三つのタイプに分類するのが適当であると考えた。

タイプ1：移動サービス全体をシームレスに繋ぐ「統合型」

タイプ2：移動サービス内への「付加価値創出型」
　　タイプ3：移動サービス手段の「利便性向上型」

　2018年に視察に行ったフィンランド・ヘルシンキにおけるMaaSはタイプ1となる。交通計画・ネットワークというアプローチとしてもタイプ1が近い。

　前に紹介した国土交通政策研究所報の一文や、その中で取り上げていたMaaSアライアンスの言葉とも一致するものである。複数の移動サービスをシームレスに統合するという部分が共通している。

　一方のタイプ2と3は、個々の交通手段のサービスを高めていくという過程でMaaSを考えている。

　具体的に言えば、タイプ2はタクシー乗車中に利用者が車内に設置したディスプレイを通してショッピングやレストランの情報を取得し、これらの店舗での利用がお得になるクーポンを自分のスマートフォンに取り込んで利用するパターンがある。

　一方のタイプ3は、2009年に米国ウーバー・テクノロジーズ（Uber Technologies／以降ウーバーと表記）が開発し、ライドシェアという名前とともに世界的に普及し、近年は既存のタクシーにも導入が進む配車アプリが代表となる。

　このように多様な捉え方が生まれた背景として、サービスとしてのモビリティという、やや具体性に欠ける表現があったことはあるだろう。それとともに、MaaSをモビリティ業界におけるトレンドと安易に考え、安易に取り込もうとしている点も否定できない。

　日本人は協調性に長ける反面、周囲の意見に流されやすく、流行に乗りやすいと言われている。しかも舶来、とりわけ欧米から伝来したモノやコトに弱い。それでいて本来の意味を拡大解釈、独自解釈して使用する例もいくつか見られる。

　近年のMaaSを取り巻く状況も、こうした状況の一つではないかと感じている。本書の目的の一つは、MaaSの概念を再確認し、我が国にとっ

て真に必要な MaaS を紹介することにある。

MaaS は単なる新規ビジネスのネタではない

　最近の日本の MaaS 関連の報道を見ていると、新規ビジネスとして取り上げる内容が目立つ。国や地方自治体ではなく、民間企業が取り組もうとしている事例が多く取り上げられ、本来は MaaS の駒の一つにすぎない個々の交通まで MaaS として紹介し、ビジネスシーンに広がりがあることを強調している。

　民間シンクタンクの試算では、MaaS 関連のマーケットは数十兆円、数百兆円規模になるという数字も出ている。

　しかし裏を返してみれば、既存の公共交通やタクシー、レンタカー、自転車シェアリングなど、マイカー以外のすべての移動手段は MaaS 導入の可能性があるわけで、世界中のマイカー以外の移動手段を積み重ねて金額を弾き出せば、それが MaaS のマーケットであるとアピールすることができる。

　たしかに MaaS の歴史は始まったばかりであり、モビリティ改革の一つとして、今後多くの地域で導入が進むであろう。地域の事情に応じてさまざまな MaaS の形が出現してくることも予想される。

　ただしそれらは本来、地域住民や観光客などの移動者に便利で快適なモビリティをもたらすためのサービスの一つであり、金儲けが第一になってはならない。

　ところで最近、MaaS と似たような語感の言葉が、自動車業界でよく使われていることをご存知だろうか。CASE（ケース／以降 CASE と表記）である。こちらも欧州伝来であることから、次世代のトレンドの一つとして欠かせない扱いをされている。

　CASE はコネクテッド、オートノマス（自動運転）、シェア、エレクトリック（電動化）の頭文字を取ったものであり、ドイツの自動車メーカー、ダ

イムラーが使い始めた、次世代自動車産業で重要とされる4要素をまとめたものである。

前に紹介した、我が国におけるMaaSの捉え方をこのCASEと比較すると、コネクテッドはタイプ2、シェアはタイプ3に該当する。タイプ1に該当するCASEの要素はない。マイカー以外の交通手段を活用することが前提なので当然であるが、ここからも本来のMaaSがタイプ1であることが説明できる。

さらに言えば、CASEは自動車メーカーが提示した概念であり、自動車の生産者が今後どの分野に注力してビジネスすべきかという指標を示した、メーカー視点、ビジネス視点の概念である。しかもモビリティ全体ではなく、あくまで自動車を中心に据えている。

一方のMaaSは、地域住民の移動をより便利で快適に、環境に負荷を掛けずに行えるかという考えが根底にあり、ICTを活用して公共交通などの利便性をさらに高めようとした、ユーザー視点、ソーシャル視点の概念である。しかしながら、中にはこの二つを同列に扱っていたり、混同したりしている人もいる。

既存の公共交通事業者は自らの経験から、MaaSが利用者のための概念であることを理解しているだろう。しかしそれ以外、たとえばものづくりでは多くの商品を作って売り、利益を生み出してマーケットシェアを拡大するという考えで発展してきた業種が多い。

こうした業種が、MaaSについても自らのビジネススタイルで臨むと、地域社会が混乱する可能性がある。そこに人々の移動が関わっているからである。

ビジネスは需要のある場所に、あるいは需要を新たに創出すべく投資を行うが、いずれも需要が減れば供給を絞ったり、あるいは打ち切ったりという選択肢が一般的となっている。

しかし公共交通を含めたインフラにおいては、需要が減ったからといって安易に供給を止めるわけにはいかない。その前に沿線住民や自治体など

との協議が必須となるが、それでも簡単に廃止という結論に行き着かないことは、これまで全国各地で繰り広げられてきた鉄道廃止の議論を見れば明らかであろう。

　もちろんMaaSは、鉄道やバスそのものを運行しているわけではなく、それらの利便性を高めるアプリである。MaaS事業者が突然撤退しても、鉄道やバスは走り続ける。しかしMaaSアプリによって利便性を享受していた利用者は、突然以前の不便な状況に戻されてしまう。

　近年の日本は拝金主義が目立つ。書店に行けばビジネス書のコーナーが幅を利かせ、インターネットでは手軽に収入を得られるという仕事の勧誘が目につく。特にバブル崩壊とリーマンショックという二つの荒波を経験した後は、目先の利益にこだわる動きが各所で見られる。

　MaaSが流行しているから参入してみたものの、利益が望めないのですぐに撤退するというパターンは、事業者側の損失は軽微で収まるかもしれないが、利用者側の損失は計り知れない。

基本は「脱マイカー依存」のための政策ツール

　本章の最初に紹介した国土交通政策研究所の資料によれば、MaaSの内容として、マイカー以外のすべての交通手段という言葉が出てくる。これは筆者がフィンランドを訪れた際に、現地のMaaS関連担当者からも聞いたことだ。

　我が国ではMaaSという言葉が、自動車業界でも多く使われている。しかし実際は、マイカーに対抗すべく生み出された概念である。

　なぜ自動車業界がMaaSに注目しているのか。20世紀の移動の主役を演じ続けてきた自動車にとって、MaaSの普及で公共交通に注目が集まっている現状に、ある種の危機感を抱いており、タクシーやライドシェアを介してMaaSの一員であることを表明し、トレンドの流れの中にいることをアピールしたいという気持ちがあると見ている。

筆者はモータージャーナリストとして毎年国内外の多くの乗用車に試乗し、開発担当者からデザインや技術についての解説を受けてきた。現在も自家用車を所有している。

　ここでマイカーを持っている理由を改めて考えてみると、自宅から目的地までの移動が1台で完結するというドア・ツー・ドアの移動、移動のたびに運賃や料金を支払わなくて良いという便利さ、大きな荷物を楽に運べる安楽さ、常に座っていける快適さなどが思い浮かぶ。

　しかし反面、維持費は嵩む。愛車はフランス製の1.2リッターエンジンを積むハッチバック車で、ハイオクガソリン指定なので、本書執筆時点で1リッターあたり約150円の出費になる。実燃費は約リッター15キロなので、年間1万キロ走るとガソリン代だけで10万円に達する。

　それ以外に税金や保険、整備や車検の費用もあり、合算すれば年平均で20万円ぐらいになる。さらに東京23区内は駐車場も高く、月額3万円近い。つまり車両価格を除いても年間60万円、月5万円を自動車関連で支払っていることになる。

　それぞれ別の場面で支払っているので総額に気付きにくいが、携帯電話のように毎月5万円という請求方法になれば、マイカーの所有を考え直す人が出てくるかもしれない。

　それでも自動車の魅力を感じているから所有しているのであるが、どこでもマイカーで移動しているわけではない。遠方への移動は新幹線や飛行機に頼るし、渋滞で時間が掛かると分かっている場所へは公共交通とレンタカーやカーシェアリングの組み合わせを選ぶ。

　MaaSグローバルではマイカーの稼働率が5％にすぎない、裏返して言えば95％の時間は駐車場に置かれたままで、生産性が低いモビリティであるにもかかわらず、多くの人はこのマイカーに多額の支出をしている現状を指摘していた。

　公共交通の場合、自宅や目的地と駅や停留所との間は徒歩や自転車などで移動する必要があり、鉄道やバスは特急列車やグリーン車などの指定席

を除けば、着座が確約されていない。

ただし買い物の荷物については、インターネットショッピングの普及もあり、購入した商品を自分で運んで帰るシーンは減った。となると、駅や停留所などでの鉄道やバスの待ち時間、乗り換えに際しての徒歩移動や運賃の支払いなどの面倒な部分を解消できれば、公共交通に転換しようという機運は増す。

MaaS は ICT を活用することで、この問題を解決しようという概念である。シームレスという言葉は、マイカーの魅力の一つであるドア・ツー・ドアの移動に、公共交通を限りなく近づけることを意味している。

自動車業界にとっての新たなビジネスチャンスと捉えるのが本来の意味ではないことは、最初に記しておく。

MaaS が都市と地方を持続可能にする

国内の多くの地方で、公共交通の減便や廃止が再び話題に上るようになった。JR 各社は旧国鉄時代に赤字ローカル線の廃止を次々に断行し、一部は地方自治体が運営主体となる第三セクターに転換したが、近年 JR 北海道（北海道旅客鉄道）をはじめ、再び廃止の流れが加速しつつある。

最近目立っているのはバスで、地方の過疎化による利用者減少などが原因となり、路線バスの廃止や減便が相次いでいる。バス事業者の中には、路線バスと観光バスを並行して運行しているところも多く、従来は観光バスが路線バスを支える形が多かったが、規制緩和が契機となって観光バスの料金競争に拍車が掛かり、収益が望めない状況が多くなっている。

バス事業者の収益悪化は設備投資にも影響を及ぼす。国土交通省が発表した 2017 年度末のノンステップバス普及状況は、全国平均では 56.4 ％となっているが地域差が大きく、東京都では 92.7 ％に達しているのに対し、20 ％に満たない県もある。メーカーが安全快適なバスを開発したとしても、事業者がそれを導入できないという状況が多数存在している。

またバスについては運転士不足という問題もある。こちらは地方のみならず東京23区内でも問題になっており、運行終了や減便に追い込まれた路線が複数存在している。

　東京都渋谷区にある筆者の事務所の周辺に多くの路線バスを走らせている京王電鉄バスでも、2018年2月に、渋谷駅と初台駅を結ぶ路線が運行終了となった。利用客が減少し路線の維持が困難というのが事業者の説明だったが、運転士不足も理由であろう。いずれにせよ東京を代表するターミナルの一つ、渋谷駅を発着するバスでさえ廃止に追い込まれているのが現実である。

　渋滞もある道路を、路上駐車車両を避けながら、乗客の安全快適を第一に走行し、停留所との間隔が小さくなるように停め、両替を含めた運賃収受のみならず行き先案内も行う。路線バス運転士の業務が大変であることは端で見ていても理解できる。

　路線廃止や減便が利用者減少に拍車を掛けることは容易に想像できる。そしてまた廃止・減便という負のスパイラルが続く。この状況に歯止めを掛けるべく、国や自治体が補助することで路線や便数を維持するという方法もあり、全国各地で実施されている。

　しかし一方で、乗ってもらうことを考えることも大切であろう。バスの便数を増やせないのであれば、需要に応じて走らせるオンデマンド方式とするとともに、地域を走る他の事業用車両との連携を行い、これらをMaaSによってシームレスにつなぐことで利便性を高め、利用者増加につなげていくなどの手法がある。

　公共交通の活性化によって地方がにぎわいを取り戻す。これは欧米の近年の事例からも明らかである。そのためにはコンパクトシティなど、まちづくり全体での取り組みが必須であるが、ハードウェアでの活性化が難しい場合であっても、ソフトウェアの改革であるMaaSは活用できる。

　一方大都市では、多くの民間交通事業者が混在しており、現時点でも乗り換えや運賃体系が複雑化している。地域住民や勤労者はICカード乗車

券利用が一般的なので、こうした状況はあまり意識しないようだが、年々増え続けている外国人旅行者からは、理解しにくいという不満が寄せられている。

　欧米の都市交通のように運営を一元化し、ゾーン制運賃を取り入れるのが理想であるが、運営は現状のままでも、MaaSによって経路案内や運賃決済がシームレスに提供できれば、表面上はモビリティの一体化が実現する。外国語対応をしておけば、外国人旅行者の都市の評価は良い方向に変化していくだろう。

主導するのは「民間」ではなく「公共」

　公共交通と同じインフラの一つである水道の分野では、2018年7月、水道事業の民営化などを含む改正水道法が可決された。完全な民営化ではなく、自治体が公共施設の所有権を持ったまま、運営権を民間企業に売却できるという、コンセッション方式と呼ばれる手法の導入が決まった。

　かつて世界には水道民営化の流れがあり、フランスのヴェオリアやスエズといった有力企業は水メジャーと呼ばれている。すでに日本でも下水道事業にはこうした企業が参入してきている。

　しかし水メジャーのお膝元であるフランスをはじめ、一部の国では一度は民営化された水道事業を公営に戻す動きもある。もっとも大きな理由は料金の上昇であり、パリでは1985年から2009年の間で265％もアップしたことから、再公営化に踏み切った。

　MaaSもまた、鉄道やバスの運行は既存の事業者が担当したまま、ICT活用によって経路案内や運賃決済などの利便性を高めるという考えである。

　その土地の事情をあまり知らない民間事業者が乗り込んでMaaSを展開したことで、運賃の値上げが発生したり、逆に輸送事業者に運賃値下げを要請したりするなどの混乱は避けなければならない。

　そのためには、民間事業者の参入にある程度の自由度は持たせることで、

MaaS分野での自由な発想を育みながら、国や自治体がその状況をしっかりチェックしていくことが重要である。

フィンランドでは、国が主導してMaaSの概念を構築していった。現在のMaaSアプリのベンチマーク的存在となっているMaaSグローバルは民間企業ではあるものの、設立にあたっては公的組織が中心的な役割を果たした。

理由として、かつて世界を席巻したノキア（Nokia）の携帯電話端末のように、国際的に競争力のあるビジネスとして育てていきたいという気持ちもあっただろう。

しかし導入の目的は、国内の移動における問題解決にあった。国民に便利で快適な移動を提供したいという気持ちから生み出されたものである。

また首都ヘルシンキの都市交通は公的組織によって管理されており、一部は運行も公的組織が司る。日本のJRに相当するフィンランド鉄道（VR）も政府が全株式を保有する。タクシーやライドシェアは民営だが、自転車シェアリングの運営は都市交通と同じ組織が担当する。

こうした形態は欧米の都市交通では一般的であり、国や自治体が主導してMaaSを導入しやすい。

日本の大都市のように、複数の民間事業者が公共交通を運行する状況では、ライバル関係にある事業者同士が双方の情報を公開して対等に手を結ぶことができるかという課題がある。国や自治体が主導して進めていったほうが、MaaSは構築しやすい。

公共交通はあくまで公共の交通であり、たとえMaaSが導入されたとしても、それは公共性の高いものであるべきであることも、本書を通して伝えていきたい。

本書について

本書ではまずMaaSが誕生した背景として、フィンランドという国の

独自性、欧州の公共交通が取り組んできた改革を第1章で紹介し、第2章ではMaaS技術の根幹となるスマートフォンを使ったモビリティ改革を取り上げる。MaaSは突然変異的に生まれたわけではなく、これらが源流にあることを解説する。

続いてMaaSをいち早く提唱したフィンランドと首都ヘルシンキの交通政策、この地でMaaSが生まれた理由、実際にヘルシンキでMaaSアプリを使った結果などを、ヘルシンキでの現地調査をもとに紹介する。これらは第3～5章にまとめている。

現在はフィンランド以外の国や地域でもMaaSは相次いで導入が進んでいる。第6章ではこの中から代表例を紹介していく。本来MaaSとのつながりが薄いはずの自動車メーカーが参入を考える理由については、第7章で取り上げている。

ただし世界で導入が進んでいるMaaSは、主としてアーバン地域（都市）を対象としたものである。第8章ではルーラル地域（地方）におけるMaaSの可能性について書いた。少子高齢化と地方の過疎化が急激に進行する今の日本に、ルーラルMaaSはもっとも必要な分野である。

そして第9章と第10章では、現在の日本におけるMaaSへの取り組みの代表例を官民合わせて紹介するとともに、日本で本来の意味でのMaaSを根付かせるためには何が必要かを綴っている。

本書を通して真のMaaSの姿を知り、正しいMaaSの導入に向けた動きが育まれていくことを望んでいる。

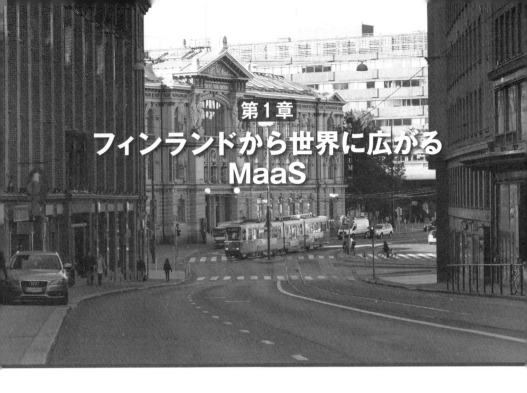

第1章
フィンランドから世界に広がるMaaS

MaaSを生んだフィンランドという国

　MaaSという概念が北欧フィンランドで生まれたことは前に書いた。ではフィンランドとはどういう国なのか。ここで改めて紹介しておく。

　フィンランドはスカンジナビア半島の東側にあり、東にはロシア、西にはスウェーデンとノルウェーが位置する。スカンジナビア半島との間にはボスニア湾がある。南側はバルト海に面しており、対岸にはエストニア、ラトビア、リトアニアのいわゆるバルト3国がある。

　国土の面積は33.8万 km^2 で、日本が37.8万 km^2 なので、やや小さいという程度である。ただし人口は2016年4月時点で約549万人と、日本の23分の1ほどに過ぎず、兵庫県に近い。ゆえに人口密度は16人／km^2（日本は332.7人／km^2）に留まっている〔表1〕。ただし近年は人口が減少している日本とは対照的に、フィンランドは外国人の移住が多くなっていることもあり、少しずつ人口が増加している。

表1：フィンランド国政の概要 (提供：国土交通省国土政策局／2017年3月)

国名	フィンランド共和国（Republic of Finland）
国土面積	33.8万 km^2（日本よりやや小）
人口	約549万人（2016年4月末時点）
人口密度	16人／km^2（2017年）
都市人口比率	84.2％（2015年）
GDP（名目）	2,996億ドル（2015年：IMF）
一人当たりGDP	41,973ドル（2015年：IMF）
産業別就業人口比率	第一次産業 2.5％ 第二次産業 26.9％ 第三次産業 70.6％（2016年推計）
GDP成長率	0.431％（2015年：IMF）

　フィンランドは森と湖の国と呼ばれる。たしかに陸地の74％は森林で覆われ、湖水面積は3.2万km^{2}に及ぶ。また南西海岸沖には4万以上の群島を有する。

　このうちスウェーデンとの中間に約6500島を擁するオーランド諸島はフィンランド自治領で、独自の税制や自治領旗を持ち、公用語はスウェーデン語となっている。諸島の多くは岩の小島で、人が住んでいるのは60島にすぎず、住民数は2.5万人という。

　ちなみに日本の森林率は67％、島の数は6847であり、どちらも世界的に多い数字であることではフィンランドと共通している。この国土の特徴が通信産業の発展を促したことは後で紹介する。

　公用語はフィンランド語とスウェーデン語である。前述のオーランド諸島の存在もあるが、それ以上にフィンランドが1155年からスウェーデン王国の一部であり続けてきたことが大きいと言われている。空港や駅の案内板も2ヶ国語表記となっている。

　しかし独立までスウェーデンの一部だったわけではなく、1700年からロシアとの戦争が何度か勃発した末、1809年にフィンランド全域がロシアの支配下となる。

　独立を果たしたのは1917年で、4年後に当時の国際連盟がオーランド諸島のフィンランド統治権を、住民のスウェーデン文化や自治の保障を条

図1：ヘルシンキ中央駅前

件に認めた。第二次世界大戦では再びロシアの侵攻を受けるが、国家としての独自性は守られた。

　ちなみにEU（欧州連合）には1995年、欧州経済通貨同盟には1999年に参加した。北欧諸国の中でユーロを使用しているのはフィンランドだけである。

　国家元首は大統領であり、6年ごとに選挙で決まる。2019年4月現在、サウリ・ニーニスト氏が務めている。

　省庁は首相府、外務省、法務省、内務省、防衛省、財務省、教育文化省、農林省、運輸通信省、労働経済産業省、社会保険省、環境省の12ある。MaaSを担当しているのが運輸通信省であることは序章でも触れた。

　フィンランドは議会制民主主義の国であり、国会は200議席の一院制となっている。複数政党制で、選挙で単独の政党が過半数を得ることはなく、例外なく連立政権が生まれ、通常第一党党首が首相となる。

　他の北欧諸国同様、福祉のレベルが高いことも知られている。平均年齢

は男性が78歳、女性が84歳で、日本同様長寿国と言える。高齢化に悩んでいることも日本と似ているが、フィンランドは国際NGOセーブ・ザ・チルドレンの「母親指標―お母さんに優しい国ランキング」では1位の常連となっており、子育て環境が充実していることも有名である。

　婦人参政権をヨーロッパでいち早く導入した国らしく、男女平等も浸透しており、多くの企業で女性の経営者や重役が見られる。2000年に選ばれたタルヤ・ハロネン氏はフィンランドのみならず世界でも初の女性大統領だった。

　森と湖の国というフレーズ、サンタクロースやムーミンの故郷であることから、フィンランドに牧歌的な印象を抱く人もいるだろう。しかしそれとは別の側面もこの国は持っている。

　かつての主要産業は製紙などの木材関連と金属関連であったが、1990年代からエレクトロニクス・ICTなどの先端技術産業が経済の中核をなすようになり、現代的な経済を発展させてきたからだ。その結果、現在では世界でもイノベーティブな国の一つとして認められるようになっている。

　その地位を築く原動力となった企業であるノキアの歴史を振り返ると、フィンランドがなぜMaaSを生み出すことができたか、その一端が分かる。

ノキアが育んだ情報通信社会

　かつて携帯電話販売台数で世界一の座に君臨したノキアは、日本でも端末が販売されていたことで記憶にある読者もいるかもしれない〔図2〕。しかしこの会社が最初は通信事業とは無縁だったことを知る日本人は少ないのではないだろうか。

　ノキアの創業は1865年と、今から150年以上も前のことである。当時のフィンランドの主力産業だった製紙パルプ工場からスタートした。首都ヘルシンキから北北西に180kmほど進んだところにある、フィンランド第2の都市タンペレが発祥の地だ。観光客には世界で唯一のムーミン美術

図2：日本で発売されたノキアの携帯電話

館がある場所として知られている。

　当時フィンランドはまだ帝政ロシアに支配されていた。ゆえに当初から輸出が主力だった。これはその後のノキアの伝統にもなった。

　まもなくノキアはゴム長靴や通信用ケーブルを製造する会社と合併し、グループを形成すると、第2次世界大戦後の1960年代には通信用ケーブル事業を発展させる形でエレクトロニクス部門を設立した。ここでは電話の開発も出掛け、まずフィンランドの離島に導入された。

　その後のノキアは拡大戦略を取る。金属、科学、家電、通信分野に進出し、携帯電話も作るようになっていく。家電については当時の西ドイツやフランスの会社を買収し、オランダのフィリップス（Philips）などと対抗する勢力にまで成長していた。

　一方通信分野では、隣国スウェーデンの携帯電話会社として知られるエリクソン（Ericsson）の通信部門を買収している。当時のエリクソンはこ

の部門が赤字続きだったが、ノキアは将来性があると見込んで手に入れた。

　この拡大経営がノキアを苦境に陥れる。1990年代初めに欧州全体を襲った経済危機の影響をまともに受けてしまった。日本でもバブル崩壊と称されたあの時代である。他のフィンランド企業も大きな打撃を受け、国家の危機とまで言われるほどだった。

　そこでノキアは大胆なリストラを敢行した。創業時から続けてきたパルプや長靴の製造、テレビなどを手掛けていた家電事業などを売却し、携帯電話を核とする通信事業に集中した。

　当時はフィンランドであっても、携帯電話は企業の重役など一部の富裕層が持っていたに過ぎない。大きな賭けではあったが、結果的には先見の明があった。その後の携帯電話市場はノキアの予想をはるかに上回る伸びを見せ、会社は息を吹き返した。

　多くの国で通信サービスの自由化が進んだことも幸運だった。それまで携帯電話業界は、ひと昔前の日本がそうだったように、地元のサプライヤーが通信キャリアに端末を納める形が一般的だったが、自由化で国外の端末も参入できるようになった。

　アナログ方式からデジタル方式への転換を睨み、デジタル方式のGSMにいち早く対応したことも成功につながった。ノキアはGSM端末も、それを支える通信インフラも、世界で初めて実用化に成功した。GSM方式の特徴の一つにSIMカードの採用があり、端末を自由に変えたり、複数の携帯電話を使い分けたりすることができた。これも販売台数の後押しに貢献した。

　ノキアの復活を見て、当時の政権は木材や鉄鋼といった従来の産業に加え、国の成長のために情報産業を新たな柱として育てる必要があると考えた。国外から優秀な技術者や研究者を呼び込むべく、彼らの所得税率を自国民に比べ低くするという優遇措置まで導入した。

　戦略の成功に周囲の後押しもあり、1998年ノキアは米国モトローラを抜き、世界最大の携帯電話メーカーとなった。翌年フィンランドは世界で

もっとも携帯電話が普及した国になった。普及率は64％で、同じ時期の日本の39％を圧倒していた。これがその後のMaaSの開発と普及にも貢献した。

この時期ノキアは持株会社を結成しており、傘下に携帯電話開発製造のノキア・モバイルフォン、携帯電話ネットワークに必要な通信インフラを開発製造するノキア・ネットワークス、新ビジネスへの投資のために設立したノキア・ベンチャーズ・オーガニゼーションがあった。

さらにノキアは携帯電話用OSのシンビアン、無線通信技術のブルートゥースの開発にも、他社とともに取り組んだ。いずれもオープンなプラットフォームとしたことで多くの会社が採用。ブルートゥースについては世界基準として認識されている。このオープンなマインドもMaaS構築に役立っただろう。

しかし携帯電話の分野は、2007年に米国アップルがiPhone（アイフォーン／以降iPhoneと表記）を登場させたことでゲームチェンジが起こり、ノキアに代表される従来型の携帯電話はあっという間に脇役になった。ノキアは携帯電話事業をマイクロソフトに売却し、この分野から一度身を引いた。

この動きを見て「ノキアは終わった」と思った人は多かった。しかし前述のようにノキアが凋落したのはこれが初めてではない。それに最新情報では、ノキアからスピンアウトした人々が同じフィンランドで立ち上げたHMDグローバルというスタートアップ企業がノキア携帯電話の販売権を取得し、欧州で販売台数を伸ばしている。

HMDは最新のスマートフォンとともに、かつて斬新なデザインで一世を風靡した従来型の携帯電話を復活させた。これが自動車の世界におけるミニのように、レトロデザインのモダンプロダクトとして人気を得ているという。

それにノキアは携帯電話の開発販売と並行して、通信インフラへの取り組みも進めていた。こちらは現在も同社の基幹部門であり続けている。交通分野にも進出しており、鉄道運用ネットワーク、高速道路の自動化シス

テム、空港運営ネットワークなどを手掛けている。

　世界に先駆けて携帯電話を市民化し、通信産業をフィンランドの主力産業に成長させたのは、間違いなくノキアの功績だ。さらにヘルシンキでは、かつてノキアで働いていた技術者が現在MaaS関連で数多く活躍しているという。ノキアがMaaSの開発と普及に大きな役割を果たしたことは間違いない。

日本の10年先を行く欧州の都市交通

　フィンランドでMaaSが生まれた背景として、フィンランド独自の地勢や人口、産業などが関係していることは前に書いたが、もう一つの要因として欧州で始まった都市交通改革もまた、MaaSの誕生と関連がある。

　というより、こちらはMaaS以前にサービスとしてのモビリティを実践していた。この点からもMaaSが突然変異的に生まれた概念ではないことを解説していく。

　欧州の都市交通改革は、第二次世界大戦後の高度経済成長が契機であったと考えている。この時期の経済成長は日本に限った話ではなく、フランスでは「栄光の30年」という呼び名が生まれており、それまでにない状況だったことが想像できる。

　その結果生まれたのがマイカー所有とマイホーム指向という動きだった。これらは所得の上昇から生まれた。しかも技術革新と大量生産によってファミリー向け乗用車の価格が下がり、多くの人にとって自動車の所有が現実的になった。

　一方のマイホームは、所得の上昇に応じて地価も上昇したことから、都市部でファミリー層が家を買うことは難しく、郊外に居を構える人が増えていく。その判断材料になったのがマイカーだった。公共交通が貧弱な地域であってもマイカーがあれば移動に困らない。

　こうして居住地の郊外拡散が進んだことは日欧で共通していたが、欧州は日本とは違い、第二次世界大戦前から自動車の大衆化は始まっており、

図3：フランクフルト近郊を走るドイツ鉄道

居住地の拡散は我が国よりも早かった。その結果発生した交通渋滞や大気汚染もまた、日本よりも早く顕在化した。

欧州の中でこの課題にいち早く対処した国の一つが、すでに自動車産業が国の基幹産業の一つになっていた旧西ドイツだった。同国では1967年から鉱油税（日本の揮発油税・軽油取引税などに相当）の一部を公共交通整備に充当しはじめた。そして1971年にはGVFG（市町村交通資金調達法）として法制化した。

当時西ドイツの多くの都市には路面電車が残っており、この法律によって公共交通を自動車より優先するという思想が明文化され、路面電車をLRTに進化させるなど、公共交通が復興する契機になっている〔図3〕。

一方フランスでは1982年にLOTI（国内交通基本法）によって、世界に先駆けて「交通権」を定義している。万人が自由かつ快適に、環境負荷を最小限に留めつつ移動できることを規定したもので、自動車優先社会からの脱却を明文化したものだった。

図4：2007年開通のニースLRT

　ドイツのGVFGとの間に約10年のタイムラグがあり、この間多くの路面電車が廃止に追い込まれていたが、直前のオイルショックも契機となり、廃止が続いた公共交通が再整備される契機になった〔図4〕。その過程では、沿線の事業所から税金を徴収して公共交通の整備や運営に充てる、交通税が導入されてもいる。

　この間日本や米国では大気汚染対策として、自動車の排出ガス規制が施行された。しかし西ドイツとフランスの例を見る限り、欧州はまず公共交通の質を高めることでマイカーからの移行を促し、環境対策につなげようという、異なる視点での対策を施したのである。

　それでも対策としては不十分だったことから、のちに欧州でも排出ガス規制が施行されるが、後に紹介するように、逆に米国では欧州流の公共交通再整備に本腰を入れる都市が多くなっている。

　その後フランスでは2012年にLOTIが交通法典（Code des Transports）に発展するなど、時代に合わせて内容をリセットはしているものの、税金

主体の運営という部分は受け継がれている。運営費における運賃収入の比率は半分以下であり、ほとんどを運賃収入で賄う日本の民間交通事業者とは大きな差がある。

路線の新設、車両や施設の刷新など、相応の資金を必要とする改革も、収入に左右されることなく、国や自治体の主導で遂行していける。公共という概念に忠実な考え方と言えるし、このような体制であればMaaSのような新しい仕組みも導入しやすい。

1都市1組織で分かりやすい運賃体系

ここまで紹介してきた欧州の都市交通改革の中で生まれた、利用者の利便性を向上させるための改善策として、単一事業者、ゾーン制運賃、そして信用乗車がある。

東京23区の都市交通は、鉄道に限ってもJR東日本や東京メトロをはじめ10以上の事業者によって運営されている。しかし欧州の都市交通は単一組織が一般的である。運行事業者は複数存在する場合もあるが、それを運輸連合という組織でまとめ上げていることが多い。

フィンランドの首都ヘルシンキも、交通管理者と事業者が同じなのは地下鉄とLRTだけで、バスやフェリーは異なる事業者が運行しているが、それを単一の組織で管理している。MaaSは複数のモビリティをシームレスにつなぎ合わせる概念である。組織が単一であればMaaS導入がしやすい。

単一組織で管理するがゆえに、運賃体系も同一になることが多い。しかし欧州では日本の鉄道やバスのような距離制ではなく、ゾーン制を導入した都市が多い。

ゾーン制とは、公共交通のネットワークを同心円状に区切ったいくつかのゾーンごとに決める方式である〔図5〕。仮に東京に導入するなら、JR山手線内をゾーン1、23区内をゾーン2と分けるような形となるだろう。

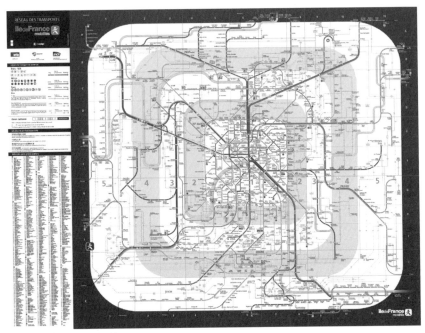

図5：パリのゾーン制運賃（提供：パリ交通公団）

同じゾーン内ならJRから地下鉄、地下鉄から私鉄に乗り換える際に運賃を払い直す必要はない。

日本の都市交通では、首都高速道路の料金体系が一時ゾーン制に近かった。東京都、神奈川県、埼玉県それぞれに独自の均一料金を設定していた。神奈川県から埼玉県に行くには必ず東京都を通過するので、東京都がゾーン1、神奈川県と埼玉県がゾーン2という状況だった。しかし不公平であるという指摘があり、現在は距離制になっている。

たしかに距離で見れば、同じ距離を移動しても運賃が違ってくるので、不公平と思う人がいるかもしれない。しかし外国人観光者をはじめ、多くの利用者はゾーン制のほうが分かりやすいはずであるし、事業者側も運賃収受のシステムが簡略化され、MaaSの導入がしやすい。

信用乗車はワンマン運転のLRTやバスなどで、運転士などの乗務員が

乗車券の確認をせず、利用者が運賃を支払って乗車していると信用することで、複数の扉での乗り降りを認める方式だ。他にも呼び名があるが、ここでは信用乗車という言葉を使う。

　日本では乗車時あるいは降車時に乗務員が運賃収受やICカードの確認を行う方式を踏襲している。しかしこの方式では、乗降の扉が限定してしまうので混雑時に時間が掛かるという欠点がある。逆に言えば、車両が長く扉数が多い近年の路面電車車両は、欧州発祥であり、信用乗車を前提とした設計である。しかし我が国でも、富山県の富山ライトレールでは降車のみ導入されており、今後広まりが予想される。

　欧州では不正乗車対策として、不定期で乗車券の確認を行う係員が乗車しており、無賃乗車が見つかった場合は高額の罰金を取られる。以前乗ったドイツのフランクフルトの場合は60ユーロと、最大で通常の乗車券の約20倍にも相当していた。日本の法律では無賃乗車に対する罰金は乗車券の2倍以内と定められているので、抑止力に大差がある。

　MaaSは後で解説するように、事前決済が基本である。つまり鉄道やバスに乗る際に乗車券を見せる必要はない。代わりに決済済みであることを示すQRコードなどをスマートフォンに表示し提示することになる。しかし現在の日本の方式を継承すると、現金収受の機械、ICカード読み取り機にQRコード読み取り機も備えなければならなくなり、不合理である。

　MaaSは単一組織、ゾーン制、信用乗車が根付いていた欧州の都市交通を基本として生まれたことが分かる。日本の都市でMaaS導入をスムーズに進めたいなら、欧州都市交通で一般的になっているこの3要素も導入するのが理に叶っている。

まちづくりの一部としての交通整備

　では欧州ではどのように交通改革を行っていったのだろうか。多くの人が知る大都市であり、筆者が長年動向を見てきたフランスの首都パリを例

にして紹介していく。

　パリはこの都市を東から西へと貫くように流れるセーヌ川の中洲の一つ、シテ島に紀元前3世紀、ケルト系のパリシイ人が住み着いたところから歴史が始まった。パリという地名はパリシイ人に由来する。2019年4月に火災で一部が消失したノートルダム大聖堂は、このシテ島で1163年に着工され、1345年に完成した。

　まもなくシテ島から伸びる道路が作られ、12世紀末から13世紀初めにかけて、シテ島のひとまわり外側に城壁が築かれた。さらに1852年に皇帝の座に就いたナポレオン3世と、彼の右腕でセーヌ県知事のジョルジュ・ウジェーヌ・オスマンによって大改革が行われた。

　オスマンは従来の街並みを取り壊して更地とし、新たに道路を引き住宅を建設するという、スクラップ・アンド・ビルド方式で都市改革を進めた。これにより街の端にあった鉄道駅と中心部との往来がスムーズになった。周辺の市町村を合併して市域を拡大し、それまでの11区から現在と同じ20区になったのもこの時期だった。

　公共交通としてはそれ以前から乗合馬車が存在していたが、オスマンの時代には路上に引かれたレールの上を走る馬車鉄道が出現する。バスと路面電車のルーツである。

　20世紀に入るとここに自動車と地下鉄が加わる。自動車は19世紀末にプジョーやルノーが生産を始めており、20世紀に入る頃には世界でもっとも自動車を見かける都市の一つになっていた。一方地下鉄は1900年に1号線が開通。その後もハイペースで路線網の整備が進み、1914年にはすでに10路線が開業している。

　ところが第一次世界大戦が終結した頃から、自動車の増加によって路面電車の定時運行が困難になり始める。ドライバーから路面電車は邪魔という意見が多く寄せられるようになっていたこともあり、パリはバスへの置き換えを決断。1937年をもって路面電車は全廃した。

　第二次世界大戦後、前述のように「栄光の30年」と呼ばれるほどになっ

図6：パリ市内のRERとLRTの乗換駅

た高度経済成長の中、北アフリカの植民地などから多くの移民が住みついた。パリ市内の住宅は家賃が高かったので、多くの住民が郊外に居を構える。ここで問題となったのが市内への通勤手段だった。

前述のようにフランス国鉄のターミナル駅は都心からやや離れた場所にあり、都心へは地下鉄やバスに乗り換えなければならなかった。逆に当時の地下鉄やバスは基本的に市内の運行に徹しており、そのまま郊外に行くことはできなかった。

つまり郊外に住む人にとって、パリの中心部に直行する交通手段はマイカーしかなかった。その結果まもなく交通渋滞や、それに起因する大気汚染が問題となり始める。

そこで国鉄は1961年、地下鉄やバスを運行していたパリ交通公団と共同で、郊外からパリへ向け走ってきた列車が都心に直通できる地下路線の建設を発表した。こうして生まれたのがRER（地域圏急行網）という新しい郊外鉄道だった〔図6〕。一方の地下鉄は郊外への延伸を始めた。両者の

図7：パリLRT3号線

運賃はゾーン制によって一元化され利便性を高めていた。

　20世紀末になると地球温暖化が表面化してくる。温暖化の主因であるCO_2（二酸化炭素）排出を減少させるべく、石油に頼らない生活へのシフトが求められた。そんな中で2001年にパリ市長に就任したベルトラン・ドラノエ氏は、自動車よりCO_2排出量の少ないモビリティへの転換を積極的に進める。

　2006年には70年ぶりに路面電車がLRTとして復活し（図7）、次の年には自転車シェアリングのヴェリブ（Velib'）を導入した。LRTは新たに都心に導入することは不可能なことから、市境付近を環状に走らせることで都心通過者を横方向に流すバイパスの役目を担当させ、自転車シェアは地下鉄駅やバス停から目的地までの、いわゆるラストマイルの移動手段として提供した。こちらでは地下鉄やバス、LRT用のICカード乗車券も使うことができる。

　つまり複数の公共交通を組み合わせることで利便性を高めマイカーから

の移行を促すという、MaaSの原型のような状況を作り出したのである。

これ以外にもバスの電動化や自転車シェアへの電動アシスト自転車導入、自転車・バスレーンの整備など、パリは次々にエコモビリティ対策を打ち出している。その中には電気自動車シェアのオートリブ（Autolib'）のように失敗したプロジェクトもあるが、失敗を恐れて挑戦を止めるような姿勢では真の改革はできないという信念がパリの進化から伝わってくる。

似たようなストーリーは欧州の多くの都市に存在している。フィンランドの首都ヘルシンキも例外ではない。素晴らしい都市環境を未来に届けるために、自動車優先から公共交通優先のまちづくりへシフトしていく。MaaSはこうした流れの上にある改革なのである。

米国でも進む公共交通回帰の動き

欧州で始まった公共交通回帰の流れは米国にも浸透している。米国は国土が広大なためもあり、欧州ほど大気汚染に悩むことはないが、自動車優先社会によって都市のスプロール化が起こり、中心市街地が荒廃し犯罪が多発した。つまり交通問題のみならず都市問題も引き起こしていた。そこで都心に再び人を呼び寄せるべく、公共交通への再投資を始めたのである。

ここで注目されたのがLRTだった。そもそもLRTとは北米発祥の言葉である。前述の都市問題に加え、路線バスの交通渋滞による利便性低下に1970年代前半のオイルショックが重なり、鉄道が見直されるようになったことで生まれた。

彼らは欧州のドイツやスイスなどで、既存の路面電車を近代化することで現代的な都市交通に転換させつつあった姿に注目し、重厚長大だった既存の鉄道と区別する意味で、LRTという言葉を使うようになった。

北米で最初のLRTとされているのはカナダのエドモントンの路線で1978年に開業した。米国では1981年のカリフォルニア州サンディエゴがパイオニアだった。その後ロサンゼルス、デンバー、セントルイスなど各

都市に広まり、近年は自動車の街として有名なデトロイトにも導入されるまでになっている。

いずれも新規開業路線であり、既存の路面電車の近代化・高機能化によってLRTと呼ばれるようになったドイツやスイスとは経緯が異なる。

路線の整備と並行して運営面でも欧州に倣い、経営主体が民間企業から地域公社などに移行するとともに、税金や補助金を主体とした運営に切り替えていった。

オレゴン州最大の都市であり、日本のまちづくり関係者から注目されているポートランドも、まちづくりの一環としてLRTを導入し、公共交通活性化を実施した都市の一つである。

ポートランドも他の多くの米国都市同様、第2次世界大戦後にマイカー普及が進んだことで、ダウンタウン（都心）の荒廃が目立っていた。危機感を抱いた同市は、1958年に設立された開発局が住民の後押しを受け、ダウンタウンの再生に取り掛かる。ビルの1階に店舗を入れ、その上をオフィスや住宅にするという職住近接のコンパクトシティ化を推し進めるとともに、LRTを走らせた。

1970年代の市長選挙では都心への高速道路乗り入れに反対する候補が当選し、高速道路の予算を公共交通整備に使った。市内を縦断するウィラメット川沿いには高速道路が計画されていたが、その場所は公園として整備された。ポートランドではLRTやバスは道路交通とみなされる。よって高速道路のための財源を公共交通整備に回すことができた。

こうした取り組みが新進気鋭のクリエイターたちの目に留まり、個性的なショップやレストランが次々にダウンタウンにオープン。いまでは「全米一住みたい街」と呼ばれるまでになっている。

ところでポートランドには、MAXライトレールと呼ばれるLRTの他ストリートカーも走っている（図8）。ストリートカーはその名のとおり路面電車であり、都市内回遊のための乗り物なのに対し、MAXライトレールは郊外とダウンタウンを結ぶ鉄道として位置付けられる。日本で言えば、

図8：ポートランドのストリートカー

ストリートカーは広島電鉄の市内線、MAXライトレールは宮島線に近い。

ポートランドでは1986年に最初のMAXライトレールが開業し、2001年にストリートカーが走り始めた。現在はMAXライトレール5路線、ストリートカー3路線を擁している。総延長は約110 kmと、日本最大の路面電車ネットワークを持つ広島電鉄の約3倍になる。

ダウンタウンでは線路を共用しており、上り線と下り線が別々の道路を走っている。道路幅が狭いためもあるが、それだけが理由ではない。ポートランドのダウンタウンは、碁盤の目の間隔が米国の都市としては狭く、道路で囲まれた1ブロックが小さい。これを活かし、ダウンタウンのにぎわいを取り戻そうと考え、LRTの上下線を違う道路に走らせ、多くの通りが活気づくように考えたという。

そのダウンタウンには、地元の大企業ナイキがスポンサーとなった自転車シェアリングがあり、ダウンタウン脇を流れるウィラメット川沿いの再開発地区を筆頭に、自転車レーンも各所に整備されている。

図9：ポートランドのトランジットセンター

　一方郊外には「○○トランジットセンター」という駅がいくつかある〔図9〕。駅前にバスターミナルが併設されており、電車もバスも低床で駅やバス停には階段がないので、車いすやベビーカーの利用者でも快適に乗り換えができる。

　運賃体系は欧州同様、MAX ライトレール、ストリートカー、バスのすべてが共通であり、ゾーンはなく地域内均一となる。詳しくは第6章で解説するが、経路検索と事前決済が可能なスマートフォンのアプリも用意しており、スマートフォンを生んだ国らしく、導入は 2013 年からと早い。

第2章
MaaSの源流になった スマートテクノロジー

初めにスマートフォンありき

　1990年代に日本でも一般的になったインターネットは、モビリティの分野にも新しいサービスをいくつも生み出した。代表的なものがカーシェアリングだろう。

　カーシェアはレンタカーに似ているが、短時間利用が基本であること、無人ステーションが前提であること、地域あたりのステーション数が多い代わりにステーション当たりの車両台数が少ないことなどが特徴となる。

　言い換えれば、無人ステーションが前提だからこそ、ステーションの数を増やし、短時間の利用が可能になって、都市内で自動車を共用するという考え方が成立したはずだ。有人のままだったら人件費が増大してビジネスとして成り立たない可能性が高い。

　しかしインターネットの出現で、これとICカードを連携させることで多数の拠点でのサービスが確立でき、インターネットで車両を予約し、

39

ICカードで車両のロックを解除して利用するという方式が確立できた。なお現在はICカードの代わりにスマートフォンでロックを解除できるサービスもある。

そのスマートフォンであるが、MaaS同様、厳格な定義があるわけではない。多くの人はアップル（Apple）が2007年にまず米国で発売し、翌年日本でも販売が始まったiOS搭載のiPhoneがパイオニアで、同じ年に米国で生まれたグーグル（Google）開発のOS、Android（アンドロイド／以降Androidと表記）を搭載した端末がそれに続く存在だと思う人が多いかもしれないが、異なる意見もある。

同じ米国のモトローラ（Motorola）が2005年に送り出し、筆者も使用経験があるM1000（海外名A1000）も、iPhoneに先駆けてタッチ式スクリーンを持ち、ブルートゥースやWi-Fiに対応し、メールやインターネットも使用可能で、ゲームなどのアプリも用意されていたために、一部ではスマートフォンであるという扱いが見受けられる。

しかしM1000からiPhoneに切り換えた実体験をもとにすれば、2台には大きく異なる部分がいくつもある。

最初に感心したのは地図機能だった。国内外を問わず、自分のいる場所でスマートフォンを開けば現地の地図が現れ、指で画面をなぞるだけで、東西南北への移動はおろか拡大縮小もできる。それだけではなく、これから行きたい場所までの経路探索もしてくれた。

これは日本で初めて販売されたiPhoneであるiPhone3Gから搭載されたGPSによる位置情報技術のおかげだった。同じようにGPSを用いていたカーナビを取り外して持ち歩きしているような感覚だった。

さまざまな個人や会社が開発したアプリを自由にインストールできることも斬新だった〔図1〕。これもiPhone 3Gから搭載された機能である。ただしこちらはMac（マック／以降Macと表記）のブランドで展開していたパソコンの経験を活かしたとも言える。

筆者はアプリ開発の経験がないのでこの分野に詳しいわけではないが、

Mac OSのアプリ開発は、アップル共通の開発基盤として用意されたXcode（エックスコード）というプラットフォームで行うのが一般的だという。このプラットフォームは無償で提供されているだけでなく、分かりやすく扱いやすい内容であると評価が高い。

図1：スマートフォンアプリ

　この開発環境がそのままiPhoneのiOSにも適用された。よって以前からMacに親しんできた開発者をはじめ、多くの人がアプリを開発することになった。これがiPhoneそのものの魅力を高め、スマートフォンの普及に弾みをつけた〔表1〕。

　しかもiOSのアプリは、言語などの環境を除けば世界共通である。世界中の開発者たちが手掛けた革新的なアプリを自由に取り込んで使うことができた。もちろんそこにはMaaSアプリも含まれる。

　アプリに近い内容のコンテンツとして、1999年にサービスを開始したNTTドコモのiモードなどがあった。しかしiモードは海外展開が想定どおりに進まず、その間にiPhoneが出現したことで国内での利用も減少に転じ、2017年にサービス対応端末の出荷を終了している。

　もう一つiTunes（アイチューンズ／以降iTunesと表記）の存在も記しておくべきだろう。

　iTunesはiPhoneとともに生まれたわけではなく、2001年に登場している。当初は手持ちのCDの楽曲をパソコンで管理し、同年発売されたiPod（アイポッド）と呼ばれる携帯音楽プレーヤーで聞くというサービスだった。

　しかし2年後（日本では4年後）にiTunesストアがオープンしたことで

表1：情報通信機器の世帯保有率の推移
(出典：総務省情報通信白書 http://www.soumu.go.jp/johotsusintokei/whitepaper/ja/h30/html/nd252110.html)

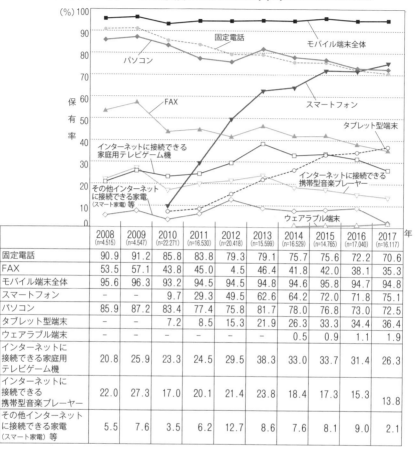

	2008 (n=4,515)	2009 (n=4,547)	2010 (n=22,271)	2011 (n=16,530)	2012 (n=20,418)	2013 (n=15,599)	2014 (n=16,529)	2015 (n=14,765)	2016 (n=17,040)	2017 (n=16,117)
固定電話	90.9	91.2	85.8	83.8	79.3	79.1	75.7	75.6	72.2	70.6
FAX	53.5	57.1	43.8	45.0	4.5	46.4	41.8	42.0	38.1	35.3
モバイル端末全体	95.6	96.3	93.2	94.5	94.5	94.8	94.6	95.8	94.7	94.8
スマートフォン	-	-	9.7	29.3	49.5	62.6	64.2	72.0	71.8	75.1
パソコン	85.9	87.2	83.4	77.4	75.8	81.7	78.0	76.8	73.0	72.5
タブレット型端末	-	-	7.2	8.5	15.3	21.9	26.3	33.3	34.4	36.4
ウェアラブル端末	-	-	-	-	-	-	0.5	0.9	1.1	1.9
インターネットに 接続できる家庭用 テレビゲーム機	20.8	25.9	23.3	24.5	29.5	38.3	33.0	33.7	31.4	26.3
インターネットに 接続できる 携帯型音楽プレーヤー	22.0	27.3	17.0	20.1	21.4	23.8	18.4	17.3	15.3	13.8
その他インターネット に接続できる家電 (スマート家電)等	5.5	7.6	3.5	6.2	12.7	8.6	7.6	8.1	9.0	2.1

内容は一変した。好きな楽曲をオンラインで手に入れることができるようになったからだ。これが爆発的に普及し、音楽はCDを買う・借りて楽しむものからダウンロードして楽しむものへと意識が変化した。

　iTunesはオンラインショッピングの形態を取っていたので、パソコン上で利用者のクレジットカードを登録し支払う方式となっていた。iPhoneではこれがパソコンを介さず端末上で可能となっていた。携帯端末上での事前決済をいち早く導入したアプリでもあった。

ちなみに日本では、2003年に着信音を楽曲で行う「着うた」のサービスが始まり、翌年には楽曲を丸ごとダウンロードできる「着うたフル」がメニューに加わっている。しかしこちらはiモード同様、携帯電話料金での支払いとなっていた。iPhoneが登場するとその不便さが目立つようになり、2016年にサービスを終了している。

　位置情報、アプリ、事前決済。この三つの特徴を持つスマートフォンは、我が国をはじめ世界各国で爆発的に普及しており、スマートフォンを前提としたサービスがいくつも生まれた。本書のテーマであるMaaSもその一つである。この小さな情報通信端末の偉大さを改めて教えられる。

マルチモーダル経路検索の登場

　MaaSの概念は複数の公共交通をシームレスにつなぎ合わせて利用者にスマートフォンアプリとして提供するものであり、公共交通の経路検索がベースになっている。コンピュータの進化と歩調を合わせて登場してきたこの経路検索は、我が国に限ってもかなり歴史は古い。

　この分野のパイオニアは1976年に設立されたヴァル研究所が1988年に発売した「駅すぱあと首都圏版」だった。まだWindows（ウィンドウズ／以降Windowsと表記）OSが誕生する前のことであり、MS-DOS（エムエスドス）時代のソフトウェアだった。

　続いて1979年株式会社ジョルダン情報サービスとして設立され、10年後に現在の社名に変更したジョルダンから、1994年に「東京乗換案内 for Windows 3.1」と「乗換案内全国版 for Windows 3.1」が相次いで発売されている。

　その2年後、ナビタイムジャパンの前身となる組織が経路探索エンジンのライセンスビジネスを開始。1998年には世界で初めて、鉄道・飛行機・自動車・徒歩など複数の移動手段に対応したトータルナビゲーションを完成させた。会社設立は2000年で、翌年ナビゲーション総合サービスの提

供を始めている。

その後3社は、オフィシャルサイトでの公開や、Yahoo!（ヤフー／以降Yahoo!と表記）をはじめとするポータルサイトへの情報提供、法人向けソフトウェアの開発、交通コンサルディング事業などにも進出していく。ヴァル研究所とジョルダンは、ナビタイムジャパンが先鞭をつけた鉄道以外の交通手段への対応も進めていった。

スマートフォン向けアプリは2008年にジョルダンとナビタイムジャパン、2011年にヴァル研究所がそれぞれ無料で提供を始めている〔図2〕。その後、路線バスや徒歩移動を検索に含めたり、自転車シェアリングとの連携を行ったりという動きもある。

そして2018年になると、3社の発表にMaaSという文字を見ることが多くなった。

図2：ジョルダンの乗換案内画面

ヴァル研究所は小田急電鉄と自動運転バスの実証実験に合わせてMaaSのトライアルを実施。その後小田急電鉄が発表した小田急MaaSへの参加に合意した。公共交通情報のオープンデータ化事業も開始しており、この分野の専門企業であるビーグルーと業務提携している。

ジョルダンは2018年にJ MaaSという会社を設立。交通・観光・ICTなどの事業者向けにMaaSインフラを提供することを計画していることを明かし、企業や団体の参画を募っている。

ナビタイムジャパンはもともと複数の交通をつなぐというMaaSの概念に近い活動をしてきたこともあり、公式発表ではMaaSという言葉を

図3：Google マップ経路検索画面

あまり使っていない。しかし講演やセミナーではMaaS時代を見据えたプレゼンテーションを行っている。

一部の活動は第9章でも触れるが、いずれも経路検索を長く手掛けてきた会社だけに、MaaSとの親和性は高い。

なお世界でもっとも多くの人が利用している地図アプリであると思われるグーグルマップは、オーストラリアのスタートアップ企業が開発したソフトウェアを、当時のグーグル（現Alphabet／アルファベット）が買収することで2005年にまずベータ版として公開したもので、日本語版も同年利用可能になった〔図3〕。2年後には指定した道路の周辺風景を画像で見ることができるストリートビューが登場している。

グーグルマップ以外にも、同社がスタートアップの買収によって新しい技術を取り込むことは多く、こうした手法により新しいテクノロジーを迅速に展開することが可能となっている。AndroidやYouTube（ユーチューブ）も同名のスタートアップをグーグルが買収し市場に送り出したものである。

グーグルマップが本格版となったのは2010年で、自動車や鉄道をはじめとした複数の交通での経路検索が行えるグーグルマップナビがこの年登場している。米国などではライドシェアや自転車シェアにも対応している。スマートフォン対応は最初は自社のAndroid OSのみであり、iPhone対応アプリは2012年に登場している。

ウーバーが拓いた移動のスマート化

　2018年3月18日、米国アリゾナ州フェニックス近郊でウーバーが公道で実験走行中の自動運転車が死亡事故を起こしたことは、日本でも大きく取り上げられた。多くの企業が交通事故減少のために自動運転の研究開発を始めたとアナウンスしてきたこともあり、衝撃的なニュースとして受け取られた。

　筆者はこの10日前、他のアジア人ジャーナリストとともにカリフォルニア州サンフランシスコのウーバー本社を訪れた後、ペンシルベニア州ピッツバーグの公道で自動運転車の同乗走行を体験していた。よって事故の報道を受けて、多くの日本人とは別種の衝撃を受けたが、この一件でウーバーの評価を大きく落とすことはしなかった。

　なぜなら2009年創業の同社は、世界78ヶ国・地域の600都市以上でライドシェアを展開し、それ以外にも多彩な事業に乗り出していて、新たなプロジェクトも複数進行中だったからだ。

　ライドシェアはマイカーに別の人間が同乗して移動を共有する仕組みで、移動の形態としてはタクシーに近い。しかしタクシー会社とは違って車両は持たず運転者を雇ってもいない。事業者の役目は一般のドライバーと移動者を結び付けることで、そのためのスマートフォンアプリを開発提供している。

　この仕組みを世界で最初に事業化した発想と実行力にまず感心するし、会社設立がiPhone発売のわずか2年後という事実にも驚かされる。現代社会ではこのぐらいのスピード感がないとイノベーションを起こせないのかもしれない。

　ライドシェアの市場規模については、2018年10月のトヨタ自動車とソフトバンクの共同記者会見で、ソフトバンクグループ代表の孫正義氏が明らかにしている。

　当時の日本の時価総額1位と2位の企業が共同記者会見を行ったことか

ら、多くのメディアで報道されたこの場で孫代表は、ウーバーのほか中国のDidi（滴滴出行）、シンガポールのGlab（グラブ）、インドのOla（オラ）が世界のライドシェア乗車回数の約9割を占め、取扱高は10兆円規模であると紹介した。

ちなみにソフトバンクは4社の筆頭株主である。世界中で勢力を増大しつつあるライドシェアにいち早く目をつけ、多額の投資を行った同氏の先見の明を教えられた瞬間でもあった。

ライドシェアがここまで根付いた理由として、米国をはじめ多くの国でタクシーより安価で安心な移動が手に入ることがある。海外のタクシーは日本と比べ、車両が汚い、運転手の態度が悪い、故意に遠回りする、運賃を勝手に変えるなど、質の低いサービスが多く報告されている。

筆者が最初にウーバーを使ったネバダ州ラスベガスも、タクシー事業者の力が強いようであり、出発前にインターネットで調べるとフリーウェイ（高速道路）を使って遠回りし、高額な料金を請求されたという体験談が複数あった。とても満足の行く使用感だったので、その後他の都市でもしばしば利用するようになった。

利用方法が簡単であることも普及の理由に数えられる。アプリをダウンロードし、事前にクレジットカードなどの登録を済ませたうえで開くと現在地が特定されるので、行き先の名称や住所を入力する。アプリに運賃とともにドライバーの名前、車種、ナンバープレートの文字が表示されるので、それを頼りに車両を見つけ乗るという手順だ。ドライバー側は別のアプリに登録しており、システムが両者をマッチングさせる〔図4〕。

運賃がタクシーより安価なことが多いのは、タクシー会社では経費扱いとなる車両価格や維持費などが含まれていないことが大きい。ただし常にタクシーより割安かというとそうではなく、イベント終了時などは予約が集中するためもあり、タクシーの相場より高い料金が表示されることもある。

ライドシェアの利点は運賃以外にもある。すでにアプリで目的地を指定

図4：米国のウーバードライバー

しているので、乗ったときに行き先を告げなくても良いし、運賃は事前登録したクレジットカードから引き落とされるので、降りるときに料金の支払いがない。前者は日本語が通じない海外ではありがたく、後者は外国のタクシーで聞かれる料金トラブルから解放される。

　この事前目的地設定と運賃決済が、その後MaaSに採用され、MaaSのキーポイントになっている。ライドシェアそのものはMaaSを構成する交通の一つにすぎず、ライドシェア自体をMaaSと呼ぶ一部の主張は、序章でも触れたとおり本筋から逸脱しているが、ライドシェアで生まれたシステムがMaaSに導入されていることはたしかである。

　一方で最近、ライドシェアのことをライドヘイリングと称する記述が一部で見られる。ドライバーは利用者を運ぶためにマイカーを走らせており、移動を共有していないという理由が根底にあるようだ。

　しかし米国でウーバーを利用すると、相乗り型、高級型、大型などいくつかのメニューが運賃とともに表示されるのが事実である。相乗り型の「ウーバープール（Uber Pool）」は2018年現在で世界で20％の利用比率がある。さらに同年からはバスのように特定の乗り場を設定し、複数の人の移動を集約化することで車両台数を削減するとともに、より割安な運賃で

の移動を実現した「ウーバーエクスプレスプール（Uber Express Pool）」も登場している〔図5〕。

米国では相乗りのことをカープールと称している。相乗りは現地では日本よりはるかに一般的であり、フリーウェイには渋滞緩和のために複数乗車車両専用のカープールレーンがあるほどだ。

筆者はウーバーでも MaaS グローバルと同じように、マイカーは95％の時間は駐車場に置かれたまま過ごしているという事実を聞いている〔図6〕。それなら公共交通に転換しようと呼びかけたのが MaaS グローバルであるのに対し、ウーバーはマイカーの有効

図5：ウーバーアプリのメニュー

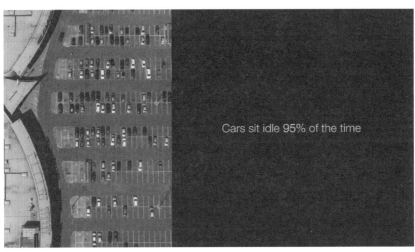

図6：ウーバーが示したマイカーの非効率性 (提供：ウーバー)

第2章　MaaS の源流になったスマートテクノロジー　｜　49

活用によって渋滞や駐車場不足の解消を目指した。方向性は違うが出発点は一致している。

そのためにウーバーでは、マンション居住者や商業施設利用者のライドシェア利用料金を補助することで、マイカーによる駐車場利用者を減らす取り組みも始めており、サンフランシスコや英国マンチェスターなどで実施に移されている。

移動の集約化のために相乗りというメニューを用意し、その発展型をも提供しているわけで、ライドシェアから相乗り以外だけを取り出して新しい名前を与える行為は混乱を招きかねない。

日本では、自家用車を用いるライドシェアは白タク行為として禁止されているが、近年は交通不便な過疎地域等に限りマイカーによる旅客運送を認めており、第9章で紹介する京都府京丹後市や北海道中頓別町でウーバーのアプリを用いた輸送を行っている。

また近年はタクシー事業者と提携し、配車アプリのみを提供するという共存の姿勢も目立っている。この方式ではウーバー以外のライドシェア企業も日本進出を果たしている。国内タクシー最大手の日本交通も独自の配車アプリを持っており、ライドシェアとタクシーの境目が薄れつつある。

最初に書いた自動運転については、ウーバーでは2016年から研究開発を進めており、同年から複数の都市で公道での実験走行も開始。2年間でこなした距離は延べ320万kmに上っていた。

2018年の死亡事故で実験走行は一時中断したが、現在は再開しており、トヨタやソフトバンクなどとの協業により、各社の自動運転技術を融合したライドシェア車両の導入を目指すとしている。

ウーバーでは自動運転のメリットについて、交通事故減少だけでなく、使用していない車両を自動的に稼働させることで有効活用を拡大し、渋滞を減少させるとともに都市空間に余裕をもたらすことを挙げていた。減少率として挙げた数字は実に97%というものだった。

今後、自動運転が実用化され、さらに無人運転という状況になると、職

業ドライバーか否かという区分は消えることになり、ライドシェアとタクシーのサービスは一体化するという見方もある。ドライバー不在になれば事前の目的地設定や料金決済が前提となる。ウーバーが確立したサービスは自動運転時代を見据えた先進的な内容だったことが分かる。

なおウーバーは近年、自動車以外の交通にも進出しており、真のMaaSに近いサービスを手掛ける企業という側面も持ちつつある。こちらについては第6章で紹介することにする。

音楽配信が決定づけた定額サービス

MaaSの内容でもう一つ画期的なものとして、料金に定額制を採用したことがある。日本でも最近、さまざまな分野で導入が進んでいることを知っている方も多いだろう。英語に直せばサブスクリプションであり、日本独自の省略形としてサブスクという言葉も見受けられる。

公共交通の世界では以前から定額制はあった。定期券がその代表だ。しかし定期券は区間が限定されており、使用する機会も平日の会社や学校などへの往復がほとんどだった。

また筆者が30年ほど前に身を置いていた出版社では、当時からサブスクリプションという言葉を使っていた。特定の雑誌の年間購読のキャッチコピーに使っていた。辞書を調べるとたしかにその意味があり、海外の出版業界では以前から使われている表現だった。

最近注目されている定額制はそういう限定的な内容ではなく、不特定多数のサービスを一定金額で提供するものである。公共交通で言えば1日乗車券のほうが近い。筆者も海外での都市交通視察時に活用しているが、主に観光用途で使う人が多いだろう。

それよりもMaaSでも活用しているスマートフォンの料金設定のほうが定額制をイメージしやすいだろう。フィンランドのMaaSグローバルでは定額制導入について、携帯電話料金を参考にしたと語っていた。

図7：Spotifyの画面（提供：Spotify）

　ただしそれは開発時の話であり、現在定額制の代表格と言えばインターネットによる音楽配信サービスを思い出す人が多いかもしれない。代表格は 2008 年にサービスを始めた Spotify（スポティファイ／以降 Spotify と表記）となろう〔図7〕。Spotify はスウェーデンの企業であり、ノキアや MaaS と同じ北欧生まれである。通信環境の先進性が関係しているのだろう。
　インターネット配信は物理的な配達が不要だから、注文が増えてもコストの増大にはつながらない。送り手は安定した収入が可能になり、受け手は好きなだけ音楽や動画などを楽しむことができる。ひんぱんにサービスを利用するヘビーユーザーにとっては、お得感が高いメニューとなるし、そうでないユーザーは元を取ろうと利用頻度を高めることが、送り手の活性化につながる。
　さらに買い物という行為について、近年の消費者はデザインや価格をじっくり吟味せず、ブランドだけで決めるなど安易に決断する傾向が多くなっている。簡単に買い物を済ませたい人が多い風潮に、定額制はフィット

しているのではないかと思っている。

　自動車の世界でも定額制はある。2019年2月にトヨタが新会社「KINTO（キント／以降KINTOと表記）」を設立してこの分野への参入を発表し話題になったが、わが国ではIDOM（いどむ／旧ガリバーインターナショナル）が2016年から「NOREL（ノレル）」という名称で展開しており、米国ではドイツの高級車ブランド、ポルシェが米国ジョージア州アトランタで2018年の秋から「ポルシェパスポート」という名前でサービスを始めている。

　税金や保険、車両のメンテナンスなどを料金に含めている点はカーシェアリングやレンタカーと同じで、トヨタが発表したKINTOの場合、3年間で1台のトヨタ車に乗れる「KINTO ONE」と、3年間で6種類のレクサス車を乗り継ぐことができる「KINTO SELECT」の2種類のサービスを用意した。

　マイカー所有に代わる共有サービスであるが、料金を見ると自動車を移動の中心に据える人向けであり、1週間に1回しかクルマに乗らないような人にはカーシェアリングのほうが割安となる。ゆえにMaaSには含まれないと考えるのが自然だろう。

　MaaSにおける定額制はSpotifyと同じように、公共交通の安定利用が期待できるし、利用者は好きなときに好きなだけ公共交通を利用することが可能だ。利用者が元を取ろうと利用頻度を高めれば、それが公共交通の活性化につながるし、都市の環境対策にもなる。料金が適正であればウィン・ウィンの関係を築けるサービスとなる。

　徴収した定額制の料金を個々の事業者にどのように分配しているかという問題については、利用比率に応じて分配している音楽業界の手法が参考になるかもしれない。

　しかし第1章で書いたように、欧州の都市交通では1都市1組織が一般的であり、多くの交通事業者が参入している日本の大都市は、それに比べればMaaS導入の障壁が多くなる。改めて欧州流の都市交通改革の必要性を痛感する。

第3章
フィンランドとヘルシンキの政策

国土整備に関係する組織と施策

　フィンランドの地方行政制度は一層制であることが特徴の一つとなる。つまり州や県などの単位を持たず、国と地方自治体だけで成り立っている。北欧諸国では唯一の体制である。それだけ自治体の裁量の範囲が広いということになり、「自治体国家」という異名で呼ばれることもあるほどである。

　国の議会は一院制で、省庁は首相府、外務省、法務省、内務省、防衛省、財務省、教育文化省、農林省、運輸通信省、労働経済産業省、社会保険省、環境省の12 あることは前に紹介した。

　運輸通信省はスウェーデン統治時代の1892 年に当時のフィンランド上院に設置された交通システム委員会がルーツで、その後ロシア帝国の自治大公国が設立されると委員会は運輸省となり、1917 年の独立に際して運輸公共事業省となった。1970 年には運輸省と労働省に分割され、このうち前者が2000 年に運輸通信省になっている。

通信と名のつく省庁が生まれたのはこのときが初めてであったが、それ以前からこの分野は運輸省が担当していた。欧州ではスイスも連邦環境・運輸・エネルギー・通信省と、運輸と通信を同一の省庁が受け持っている。運輸は国土交通省、通信は総務省に分かれる我が国より、ICTによる交通改革を進めやすい体制かもしれない。

　自治体は市と町の二つに分かれるが法律上の差はない。日本と同じように、フィンランドの自治体の数は合併により減少しており、2000年に452あった自治体数は2013年現在で320になっている。このうち本土に304自治体があり、残りはオーランド諸島にある。

　自治体の最高機関は住民によって選ばれた議員により組織される議会で、最高権限は議長にある。首長は選挙ではなく議会によって任命されるので、シティマネージャー的な役割となる。つまり市長と市議会が対立したりすることはない。

　さらに議員はほぼ無報酬であり、原則として他の仕事を持つ。議会は夕方から開催されるので市民も傍聴しやすくなっている。この点も日本とは大きく違う。市民の政治参加という点ではフィンランドの方式に分があると言えるだろう。

　この他広域地域では、国の地方出先機関および地域協議会をはじめとする自治体組合が行政を担当している。オーランド諸島が自治領という独自の立場にあることは第1章で述べたとおりである。

　国の地方出先機関としては、地方行政機関（AVI）と経済開発・交通・環境整備センター（ELY）がある〔図1〕。

　かつてフィンランドには地方出先機関として本土に5つの県が存在していた。出先機関なので県議会などは存在せず、国と市町村の間に位置するような日本の都道府県とは異なっていた。地方行政機関と経済開発・交通・環境整備センターはこれに代わる組織で2010年1月1日に誕生した。

　地方行政機関は、それまで県の事務だったサービスの評価、社会福祉、保健ケア、環境衛生および教育に関する業務などを行う組織で、南フィン

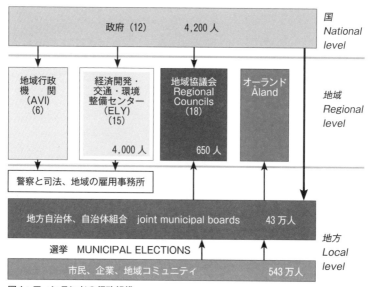

図1：フィンランドの行政組織
(出典：国土交通省 国土政策局『諸外国の国土政策・地域政策に係る動向分析及び支援方策等に関する調査国別報告書〔フィンランド〕』2015年3月)

ランド、東フィンランド、ラップランド、南西フィンランド、西部・内陸フィンランド、北フィンランドの6地方に設置されている。

経済開発・交通・環境整備センターは、国の雇用経済・環境分野などに関する地方出先機関を統合したもので、全国に15ヶ所ある。それまで県の行っていた教育研修、建設基金、図書館、体育、青少年事業、教育機関建設、国際活動、交通行政を担当することになった。

国土や地域の整備に関わる国の計画・政策の策定機関としては、地域政策全般と農業政策、島嶼政策が雇用経済省、土地利用計画および環境計画が環境省、地方農村政策が農林省、運輸・通信政策が運輸通信省、地域レベルの経済開発・交通・環境整備が経済開発・交通・環境整備センターの担当となる。交通については国の政策と地域の整備が別組織で行われることが分かる。

ちなみにフィンランドの道路は総延長約45万km、うち国道は7.8万km、市町道2.6kmで、残り約35万kmは私道あるいは林道になってい

る。鉄道は総延長 6000 km 弱で、うち 3300 km が電化されている。フィンランドは水運も盛んであり、水路長は約 1.6 万 km に達する。沿岸ルートが 8300 km、内陸水路は 8000 km で、商用航路は約 4000 km となっている。

　日本の道路の総延長は約 128 万 km、鉄道は約 2.8 万 km で、道路はフィンランドの 2.8 倍、鉄道は 4.7 倍である。人口密度が高い分、双方ともに距離は長くなっており、かつ大量輸送機関である鉄道の比重が大きくなっている。

　フィンランドの道路網や鉄道網は以前からおおむね完備しており、近年のデータを見ても道路の総延長は格段に増えているわけではなく、鉄道については廃止により短くなっていた時期もある。一方昔から存在している道路や鉄道の整備については積極的に行っている。

　ただし新規整備も行っており、鉄道についてはヘルシンキ北方のケラヴァ・ラフティ間が 2006 年に開通。高速道路ではヘルシンキと西方のトゥルクを結ぶ路線が 2009 年に全線開通した。

国の情報公開と規制緩和

　フィンランドが規制緩和に目覚めたのは 1990 年代初めだった。第 1 章で書いたように、日本ではバブル崩壊と称された経済危機の影響を大きく受けたことが契機になった。

　特にフィンランドの場合は、同時期にソビエト連邦が崩壊したことも大きかった。フィンランドの隣国ということで重要な貿易相手国だったソ連が崩壊により混乱に陥ったことで、貿易額が大幅に縮小してしまった。失業率が 20％ に達したと書けば、いかに厳しい状況だったかが窺い知れるだろう。ちなみに近年の失業率も約 7％ で、日本と比べれば高めではある。

　ここでフィンランドは守りに入るのではなく攻めに出た。EU へのいち早い加盟、北欧諸国で唯一のユーロ導入もその一例と言えるが、積極的な開放政策を実施したのである。

たとえば情報通信産業については民営化と規制緩和が同時に進められ、政府の支援も手厚く行われた。同国を代表する企業だったノキアが、情報通信分野への集中とともにこうした政策を味方につけて躍進したことは前章に書いたとおりである。産官学連携による人材育成に積極的になったのもこの時期であり、将来を見据えた改革を進めていた。

　一方交通部門においては、前に書いたように、国の基幹産業の一つとなっていたICTを活用した移動のデジタル化を推進するには、実現を阻むバリアを取り除くための法律の改善が必要という意識に傾いていく。

　2015年に就任したユハ・シピラ首相は、フィンランド経済が持続可能な成長と雇用の拡大を続けるべく、五つの戦略的優先プログラムを掲げ、本格的な改革を実行する準備に入った。この計画は同年のうちに公表され、翌年更新された。

　その一つが「運輸サービス法（Act on Transport Services）」で、第1段階は2017年に承認され、2018年1月と7月に施行された。このあと第2段階、第3段階が提出される予定となっている。

　法律のポイントは、①デジタル化、②MaaS、③マルチモーダル、④新しいビジネスチャンス、⑤低炭素化の5点だった。そのために輸送のデジタル化の前提条件を確立し、輸送システムの包括的な把握を可能にする、つまり鉄道・バス・タクシーなど移動におけるさまざまな交通サービスを連続的に結び付けることを趣旨としている。輸送部門の規制を緩和することで、新たな企業の市場参入促進も目指していた。

　この法律で制定する内容は、主としてモビリティサービス提供者についての義務と、運輸通信省の任務に分かれている。

　前者では、複数の輸送システムの連続性を確保し、輸送サービスのルートや運行ダイヤ、支払いシステムなどのデータの相互運用を実現するために、モビリティサービスに関するデータを公開されたインターフェイスを介してオープン化する義務と、チケットおよび支払いシステム用のインターフェイスに対して、他のモビリティサービスプロバイダやコンビネーシ

図2：ヘルシンキのタクシー

ョンサービスがアクセスできるという義務を定めている。

　これによって保管・共有したデータが活用され、新しいビジネスアイデアのための機会が創出されることを期待しているようだ。

　一方後者では、ルート・時刻・運賃などモビリティサービスに関するデータをオープン化するためのインターフェイスカタログとデジタル化ツールの提供、モビリティサービスの需要と供給のモニタリング、モビリティサービスの発展のコーディネートの3点について、法律を3段階で施行することが定められている。

　第1段階はまず2018年1月1日より、インターフェイスカタログとデジタル化ツールの提供が実施された。オペレータに対して「基本的データ」と「発券・支払い」のAPI（アプリケーション・プログラミング・インターフェイス）のオープン化を義務づけるとともに、第3者へのデータ再販の容認を図った。続いて7月1日にはメインの施策として、タクシーの規制緩和が行われた〔図2〕。

それまでフィンランドはタクシーの台数規制を導入しており、ヘルシンキは2000台と人口に対しては少なかった。そこでタクシーライセンス取得の敷居を下げることで、ライドシェアも受け入れることにしたのである。
　その中には一度は締め出されたウーバーも含まれていた。ウーバーのドライバーが新しい制度のもと用意されたタクシーライセンスを取得することで輸送を行うことが可能になった。その結果ヘルシンキのタクシー数は、筆者が訪れた施行開始2ヶ月後には3000台に増えていた。
　運輸通信省では、単に台数を増やすだけでなく、この分野に新たなビジネスチャンスを与えるとともに、供給量の増加により価格の引き下げや多様なサービスの提供が行われ、利用者中心の競争が展開されることを期待しているとのことだった。
　もちろん運輸通信省としては、MaaSを都市だけでなく地方でも広げていきたいと考えている。MaaSのコンセプトはシームレスなモビリティ社会の提供であり、都市か地方か、鉄道かタクシーかという違いは関係ない。地方での高齢者のデイケアや若者の通学を含め、すべての移動にMaaSは関わっており、どのような手法を取るかが大事になってくると語っていた。
　運輸通信省は2018年12月、運輸サービス法の第1段階に関する追跡報告を提出している。それによれば、初期の効果はほぼ期待を満たしており、改正する必要性はないという。事業者はデータのインターフェイスを豊富に公開しており、販売インターフェイスの公開も開始。新しいサービスやシステムを積極的に開発しているという。
　7月に改正されたタクシーやライドシェアについては、事業者・運転手は順調に増えており、サービスや価格のメニューの多様化が進んでいるとのことだった。
　ただし輸送サービス法は長期的な変化を支援することを目的としていることも事実であり、運輸通信省では輸送システムと市場の状況変化を認識すべく、同法の影響を数年間綿密に監視するつもりであり、法の効力につ

いては 2022 年の議会で報告する予定としている。

すでに法律施行後、運輸通信省はさまざまな事業者と影響について密接な対話を進めている。同省ではマーケットフォーラムを設置し、異なる事業者が将来の法律の影響について意見交換を行っているという。

ヘルシンキ都市交通の概要

フィンランドの首都ヘルシンキは国土の南部、バルト海に面しており、フィンランドがロシアに支配された3年後の1812年に首都となり、1917年の独立後も首都であり続けている。面積は217 km^2、人口は約63万人、人口密度は2902人/km^{2}となっている。都市の規模としては東京都八王子市に近い。中心市街地はバルト海に突き出た半島にある。

ヘルシンキ都市圏は、ヘルシンキと西に隣接したフィンランド第2の都市エスポー、北隣にあり国際空港があるヴァンター、周囲をエスポーに囲まれた小都市カウニアイネンからなり、人口は112万人になる。

さらに周辺都市を含めた14自治体をまとめて大ヘルシンキ（Greater Helsinki）と呼ぶことがある。こちらの面積は3843 km^2、人口は約144万人に達する。大ヘルシンキの人口密度は374人/km^{2}となる。

ヘルシンキの人口はフィンランド全体の11.4％に達しており、大ヘルシンキで見ても国土の約1％にすぎない土地に全人口の26％が集中している。日本の首都圏の約30％に劣らぬ一極集中が進んでいることが理解できる（ここまでの数字は2016年）。

進んでいると書いたのは、昔からこのような状況ではなかったからである。1950年のヘルシンキの人口は約37万人、大ヘルシンキは50万人で、それぞれ国全体の10.2％、12.3％だった。ヘルシンキより大ヘルシンキの人口集中が加速しているということは、都市の拡張が進んでいることを示している。

フィンランドが日本同様、高齢化に悩んでいることは第1章で書いた。

65歳以上の高齢者の比率は2016年の統計で20.4％となっている。一方でヘルシンキの高齢化率は16.6％、大ヘルシンキでは15.8％で、日本の東京都同様、他の地域と比べて低めになっている。

自動車保有率の少なさも東京に似ており、フィンランド全体では1000人あたり594台なのに対し、ヘルシンキは404台に下がる（いずれも2015年の数字）。

保有率の少なさは、駐車場代にも影響する地価の高さとともに、公共交通が発達していることが大きい。ヘルシンキには地下鉄、路面電車、バス、フェリー、自転車シェアリングがあり、フィンランド鉄道も乗り入れている。

ヘルシンキの最初の都市交通は馬車で、1888年にヘルシンキ中央駅西側のトーロと海に面した南東部カイボプイストの間で走り始めた。まもなくレールを敷いた馬車鉄道が出現し、こちらは1900年に電気で走る路面電車となった。

ヘルシンキの路面電車は第2次世界大戦後のモータリゼーションでも路線の廃止は行われず、逆に1970年代以降は環境に優しい存在であることから延伸も行われている。現在は11系統が走っている〔図3〕。車両は1980年代に製造された部分低床車と、1990年代終わりから投入された全低床車が共存し、伝統の緑と黄色の2トーンカラーをまとう。これ以外に観光用として旧型車両もある。

地下鉄は、当初は路面電車での敷設を考えていた郊外に向かう路線を置き換えた存在であり、東部のヴオサーリおよびメルンマキからイタケスクスで合流し、ヘルシンキ都心を抜けてエスポー南部のマティンキュラに至る。1982年に最初の区間が開通し、2017年にエスポーまで延長された。都心部では1990年代に二つの新駅が追加されている。

車両は3世代ありすべてオレンジに塗られる。最新型は自動運転も可能な機構を搭載しているが、現時点では運転士が乗務している。

バスはヘルシンキ市内と周辺都市を合わせて290もの路線がある〔図4〕。地下鉄や路面電車との競合はしておらず、フィーダーの役目を担う路線が

図3：ヘルシンキの路面電車

図4：ヘルシンキのバス

図5：ヘルシンキ中央駅の通勤電車

多い。また2013年からは地下鉄の補完として郊外を環状に走る基幹バスが登場しており、現在2路線がある。通常のバスがブルーなのに対し地下鉄と同じオレンジに塗られている。

街の中心にあるヘルシンキ中央駅からは、フィンランド鉄道の列車が発着している。フィンランド鉄道は旅客・貨物列車の運行を担当し、路線は運輸通信省内の輸送インフラ庁が保有管理する。

フィンランドの鉄道はロシア統治時代の1862年にヘルシンキと100 kmほど北にあるハメーンリンナの間が初めて開通。その後は国内のみならずロシアのサンクトペテルブルクにも延伸した。

現在もサンクトペテルブルクやモスクワを含めて毎日300本の長距離列車を運行するが、輸送の大部分を占めるのはヘルシンキ中央駅を発着する通勤電車である〔図5〕。地域の公共交通として重要な役割を担っている。2015年にはヴァンターの国際空港を通る新線が完成し、ヘルシンキ中央駅と通勤電車で結ばれるようになった。

周辺の島々を結ぶフェリーのうち、スオメンリンナ島への便は公営、つまり公共交通となっている〔図6〕。所要時間は約15分で、ヘルシンキ側は市役所に近いカウッパトリと東側のカタヤノッカの二つの港から出ている。

　加えて2016年からはシティバイクと呼ばれる自転車シェアリングも始まった〔図7〕。現在はヘルシンキのほかエスポーにも展開しており、自転車数は3430台、ステーションはヘルシンキに238、エスポーに105ある。2017年の統計では、1台の自転車が1日5.6回使われ、平均走行距離は2.2 kmだったという。

　冬季は雪と氷に覆われることも多い土地柄、稼動期間が4月1日から10月31日までに限定されていることも特徴である。この期間内でフルに使える「シーズン」、7日間の「ウィーク」、24時間の「デイ」の三つのメニューがあり、それぞれ登録料金が異なる。利用料金が30分以内であれば無料なのは欧州の多くの自転車シェアと同じだ。

　自転車用のパークアンドライド施設も建設中で、いくつかの交通結節点に用意され、公共交通機関の利用を促すことになる。これはヘルシンキの環境目標である自動車交通量と二酸化炭素排出量の削減の一環でもある。

　このようにヘルシンキの公共交通は、現状でも人口60万人級の都市としては恵まれているが、地域ではさらなる整備を進めている。

　一つはクラウンブリッジだ。都心から動物園のあるコルケアサーリ島を経由し、自然に囲まれ公園が多くアウトドアも楽しめることからヘルシンキ市民の余暇の場所となっているラーヤサロ島の西岸に到達する、長大な橋である。この橋は路面電車と歩行者、自転車専用となる予定で、都心とラーヤサロ島は15分で結ばれる予定となっている。

　もう一つは都心を取り巻くように走るライトレールの計画で、輸送力増強のために現在の基幹バス500系統を置き換えるものだ。都心を走る路面電車より大型の車両を使う計画で、全長25 kmのうち16 kmがヘルシンキ市内で、残りはエスポー市に属する。2020年代前半に開業予定となっている。

図6：ヘルシンキ中心部とスオメンリンナ島を結ぶフェリー

図7：ヘルシンキのシティバイク

HSL が管理し HKL が走らせる

　日本とは異なり、欧州の都市交通は基本的に1都市1組織であることは第1章で触れた。それはヘルシンキも例外ではない。

　歴史の長い路面電車とバスの事業者は、当初は HRO（ヘルシンキトラムおよびバス有限責任会社）という民間企業だったが、1913年にヘルシンキ市が同社の主要株主となり、1944年には市が HRO の資産を購入。翌年現在まで続く組織である HKL（ヘルシンキ市交通局／スウェーデン語では HST）が設立された。1980年代に開通した地下鉄も同様に HKL が運行する。

　ただしバスについてはその後1990年代に入って自由競争が導入され、競争入札が始まった。ヘルシンキに続いて周辺のエスポー、ヴァンターも同様の方式に移行する。

　しかし当初はコスト削減に効果を上げたものの、まもなく HKL のバス部門と STA（フィンランド旅行自動車）という二つの公営事業者の競争が激化するようになったことから、2005年に両事業者は統合されて HBL（ヘルシンキバス）が設立され、ここと民間事業者の競争入札という形態になった。

　さらに2010年になると、ヘルシンキと周辺のエスポー、ヴァンター、カウニアネン、ケラヴァ、キルコヌム、シプー、シウンティオ、トゥースラの合計9自治体が参加する HSL（ヘルシンキ地域圏交通政策局／スウェーデン語では HRT）が発足。ここが地域の公共交通を統括して見るようになった。

　HSL は地域の公共交通の計画や企画を行い、運賃の決定やチケットの販売なども行う。一方の HKL は路面電車と地下鉄については直接運行を行い、通勤電車はフィンランド鉄道と共同で運行。スオメンリンナ島へのフェリー、自転車シェアリングのシティバイクの運営も引き受けており、前者は子会社に運行を委託している。

　運賃はゾーン制を導入している。他の多くの欧州都市のゾーン制と同じ

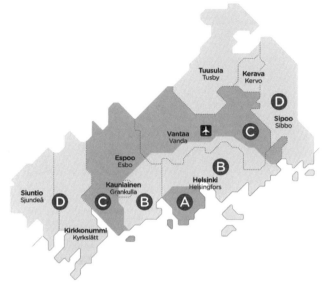

図8:ヘルシンキと周辺都市の新しいゾーン制運賃 (提供:HSL)

ように、同じゾーン内なら異なる交通機関を乗り継いでも運賃は変わらない。

　ゾーンの区分は、従来はヘルシンキ市内、エスポー、ヴァンター&カウニアイネン、それ以外と、自治体ごとの4ゾーンに分かれていたが、2019年春から新しいゾーンが導入された〔図8〕。ヘルシンキ・エスポー・ヴァンター・カウニアイネンの4都市圏を距離に準じた3ゾーンに分け、2ゾーンをまたぐ移動を基本とすることで中距離移動の割安感を出し、マイカーからの移行を促そうという目論見が窺える。

　HSLが2017年に発表したレポートによると、地域の公共交通は1年間で3.75億回の利用があった。内訳ではバスがもっとも多く1.8億回、以下地下鉄6800万回、通勤電車6500万回、路面電車6000万回となっている。平日1日あたりの運行便数もバスがもっとも多く約2.1万本に達し、路面電車の2200本、通勤電車の1000本、地下鉄の700本を大きく引き離す〔図9〕。

交通モード別の乗客数(100万人単位)

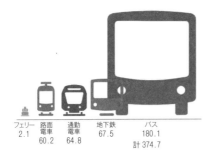

フェリー 2.1
路面電車 60.2
通勤電車 64.8
地下鉄 67.5
バス 180.1
計 374.7

	平日の運行本数		路線数		車両数
バス	2万1352		290		1457
電車	691		2		47
路面電車	2263		11		128
地下鉄	1009		14		117
フェリー	72		2		5
計	2万5187	計	319	計	1754

図9：ヘルシンキの公共交通利用状況（提供：HSL）

　営業利益は約6.6億ユーロで、過半数の3.6億ユーロを運賃収入でまかなっているものの、市からの補助金も2.8億ユーロに達しており、他の多くの欧州の都市同様、公費で支える姿勢が明確になっている。営業経費は約6.5億ユーロで、運行費用が5億ユーロと約4分の3を占めており、インフラ整備が0.9億ユーロでそれに続いている〔図10〕。

　ヘルシンキの公共交通は、実際に運行している事業者は複数存在しているものの、周辺都市を含めてすべての公共交通をHSLという一つの組織が管理して、運賃については全交通共通のゾーン制を取り入れている。これはMaaSによって公共交通のシームレス化を実現するうえでアドバンテージになったと想像できる。

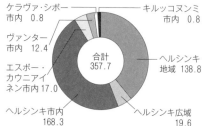
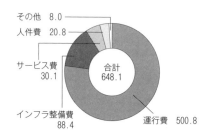
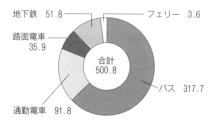
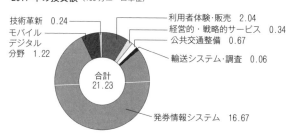

図10：ヘルシンキの公共交通収支状況（提供：HSL）

20世紀から存在していた改革のうねり

　フィンランドはいつ頃スマートモビリティに目覚めたのか。本国の資料を調べると、20世紀最後の年に早くもその萌芽を見ることができる。まだスマートフォンが登場する前のことで、ノキアが世界一の携帯電話メーカーになり、フィンランドが世界でもっとも携帯電話が普及した国だった頃のことである。国の強みを生かして改革を行うというのは自然な流れではないかと感じる。

　運輸通信省が2000年に発表した長期交通戦略『Towards Intelligent and Sustainable Transport 2025』によると、2025年に向けた交通ビジョンとターゲットとして、交通政策の目的は経済的、生態的、社会的、文化的な検討に基づいた持続可能な交通システムを整備することとしており、具体的には、

　①社会経済利益の最大化、コストの最小化

②全国土の全住民が健康で質の高い生活を享受できるよう支援し気候や環境への影響を最小限にするよう努力

③ICTの交通サービスへの活用という項目を挙げている。2000年の時点でICTの交通サービスへの活用を掲げており、先進的な考えを持っていた。

さらに2009年には、同省はフィンランド高度交通戦略『Finland's Strategy for Intelligent Transport』を発表している〔図1〕。

図1：『フィンランド高度交通戦略』表紙
（提供：運輸通信省）

ここでは気候変動、グローバリゼーション、公的財政の厳しさ、生産性向上などにより、柔軟で敏捷な考え方と行動が求められている一方、ICTの分野では技術革新より技術の展開に注目が集まっていることから、情報社会と物理的な輸送システムの統合を目指し、公共交通では高品質でオープンアクセスで手頃な価格で公開されるデータをベースに、効率的な運用モデルを提供することを目指すとしている。

具体的なプロジェクトとしては、公共交通では携帯電話を使った識別・支払いサービス、オープンデータベースの構築などを挙げている。すでにMaaSの源流が築かれつつあったことが分かる。

一方で国が科学技術を将来の柱にすべく力を注ぐ傾向は、経済危機が押し寄せる前から現れていた。ベンチャー企業を育てるための組織をいくつも誕生させていたからだ。

代表格と言えるのが1983年に設立されたフィンランド技術庁（TEKES）で、企業や研究機関の技術研究プロジェクトに資金を提供する公的機関で

図2：チームフィンランド・ビジネスフィンランドのオフィス
(提供：ビジネスフィンランド)

ある。とりわけリスクの高い革新的なプロジェクトを支援することが特徴になっており、サービス部門を含めた産業の競争力を技術によって強化することを目的としている。

これ以外にも、ベンチャー企業のグローバル進出を支援するフィンランド商務部（Finpro）、研究開発の資金や情報を提供するフィンランド国立研究開発基金（SITRA）、先進技術をビジネスに結び付ける援助を行うフィンランド国立技術研究センター（VTT）、中小企業のグローバル進出を支援するフィンランド国営金融会社（Finnvera）、発展途上国への進出を支援するフィンランド産業協力基金（Finnfund）などがある。

なおフィンランド技術庁と商務部は2018年から、ビジネスフィンランドという新しい組織に統合された。

そのビジネスフィンランドを含めた前記の組織は、チームフィンランドというつながりの中にあり、連携して活動することも多い〔図2〕。

チームフィンランドのアイデアは2000年代初頭に浮上した。世界経済の変化によりグローバル進出の重要性が増し、フィンランドの成功は企業の国際的な成功に依存する度合いが強まろうとしていた一方、多くの企業

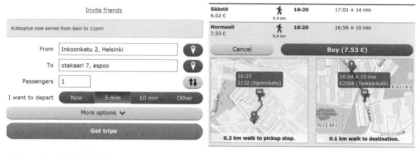

図3：クツプラス予約画面（提供：HSL）

は国際進出に際して国の支援を必要としていることも指摘されていた。

　当時、国内企業の国際化や外国企業のフィンランドへの投資を促進する国の組織は細分化されており、外務省、技術庁、商務部などが独自に活動していた。いわゆる縦割り社会の典型だったわけで、組織間の緊密な協力の必要性があった。そこで政府では国際的な経済活動を一元化するという目標を掲げ、さまざまな手法で検討を重ねた結果、2012年にチームフィンランドが結成されたのである。

　連携の中核となるのは労働経済産業省、外務省、教育文化省であり、それ以外に経済開発・交通・環境整備センター、特許登録庁、文化教育機関もメンバーに加わっている。海外にも在外公館を通して80を超えるネットワークがある。オールフィンランドで技術開発のビジネス化やグローバル進出を後押ししてくれる組織があることは、ベンチャー企業にとって心強い。

　次世代モビリティの実験も行っている。同じ2012年に始まったクツプラス（Kutsuplus）は代表格と言えよう。

　利用者がパソコンやスマートフォンのアプリを使って出発地と目的地を伝え、近い移動を希望する他の利用者と相乗りで移動するもので、近年日本でも実験が行われているAIオンデマンドバスのパイオニアの一つであり、ライドシェアの大型版と言える〔図3〕。

表1：クツプラスの実績 (提供：HSL)

年	2012	2013	2014	2015	2012-2015
営業利益	3000	62700	321800	507900	895400
チケット収入	2600	61700	319200	507700	891200
他の営業利益	400	1000	2700	200	4300
サービス費	-316800	-1521400	-2750200	-3233000	-7821400
営業費	-164200	-1004000	-2186400	-2626600	-5981200
他のサービス費	-152600	-517400	-563800	-606400	-1840200
人件費	-119600	-276100	-256100	-256000	-907800
その他の費用	-15500	-12700	-10600	-1500	-40300
減価償却	-1600	-11100	-13200	-13200	-39100
純利益	-450500	-1758600	-2708300	-2995800	-7913200

　アプリの構想と開発は、2010年にヘルシンキ工科大学、ヘルシンキ経済大学、ヘルシンキ芸術デザイン大学が統合して誕生したアアルト大学が行い、試験運用のためのコンソーシアム契約には輸送インフラ庁とHSLが含まれていた。バスの運行は事業者に委託した。

　使用されるミニバスは当初3台だったが、翌年15台に増加して一般市民も利用可能となり、交通渋滞や駐車場不足、ラストワンマイルの足の確保を目的としていた。運賃は既存のバスとタクシーの中間に設定していた。

　HSLの統計によれば、クツプラスは2015年時点で年間10万トリップ近く、登録者3万人以上を記録し、どちらも増加しつつあった（表1）。しかし助成を行う自治体が負担の大きさを不満として出すようになり、民間バス事業者が反対していたこともあって、実験は2015年で終了となっている。

　たとえICTを駆使しても、対象が単独のモビリティであっては既存の公共交通が持つ課題を完全に解決できるわけではなく、望みどおりの結果が出にくいことを、クツプラスは示していた。

ITSフィンランドの存在

　ところで2009年に運輸通信省が発表したフィンランド高度交通戦略で

は、ICTだけでなく ITS（高度交通システム）という3文字も多用されていることに気づく。

　戦略の取りまとめに尽力した当時の運輸通信大臣の言葉を筆頭に、発表資料の至るところにITSは出てくるし、図版の中には道路の写真が多く使われている。具体的な項目としては、前述した公共交通改革の他に、事故の際の緊急通報システム、飲酒運転を防止するアルコールチェッカー、有料道路の料金収受システムなどの項目も見ることができる。

　この交通戦略では、ITSは旅客輸送と貨物輸送の両方を網羅する輸送システムであり、利用者が可能な限り最適な移動を選択するよう支援や助言を行うことで、生産性、安全性、利便性、効率性向上と環境負荷低減を目指すとしている。さらにITSは交通政策と情報政策の両方について中心的な部分であるとも書いている。

　フィンランド高度交通戦略はMaaSとは違い、自動車交通を含めたすべてのモビリティを対象としているので、自動車についての項目が多く見られるのは当然のことである。

　一方で別項では、ITSはデータの収集、処理、配布から旅行計画や機内情報サービスまで、移動・物流にまつわるサービスのあらゆる部分をカバーしており、交通の監視・管理・制御をサポートし、運転手や旅行者、交通システムのオペレーターに情報を提供するとも記してある。つまりMaaSにつながるような内容も見受けられる〔図4〕。

　ただしフィンランドはITSについては先進国だったわけではない。ITSフィンランドは2004年に設立され、2年後に官民共同の非営利団体として活動を始めたのに対し、我が国のITS組織は1994年には設立されていた。つまりこの分野では日本の方が先んじていた。

　ITSが世界的に注目されはじめたのは、1994年に第1回ITS世界会議がパリで開催されたことが契機と言われる。このとき翌年の第2回世界会議を横浜で開催することが決まった。

　ホスト国となった日本は早急に組織を結成する必要に迫られ、ITS関連

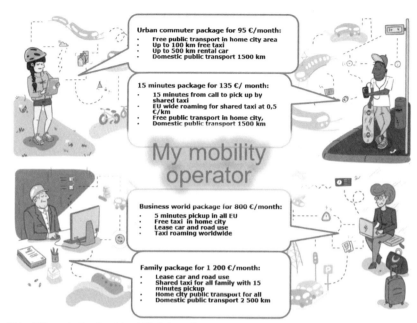

図4：ITSフィンランドのMaaS説明イラスト（提供：ITフィンランド）

の5省庁（当時の警察庁、通商産業省、運輸省、郵政省、建設省）の支援のもと、1994年に道路・交通・車両インテリジェント化推進協議会（VERTIS）が任意団体として設立。2001年にITSジャパンと名称を変更し、ITSジャパンは2005年6月に特定非営利活動法人として法人格を取得した。

ITSジャパンのウェブサイトによれば、ITSとは人と道路と自動車の間で情報の受発信を行い、道路交通が抱える事故や渋滞、環境対策など、さまざまな課題を解決するためのシステムとしている。

関係5省庁が中心となったITSジャパンが1996年に決めた9つの柱は、ナビゲーションシステムの高度化、自動料金収受システム、安全運転の支援、など自動車に関するものが多く、項目の一つにある公共交通の支援も、バスロケーションシステムなど道路上の公共交通を対象としたものだった。

その後、地球環境問題の深刻化、情報通信分野の国際競争激化、電動化の拡大による自動車技術の変化など、時代の変化に合わせて目標も変わっ

ているが、自動車に関する話題が多い。

　この間2004年には愛知・名古屋会議、2013年には東京会議と、ITS世界会議は合計3度、日本で開かれている。自動車先進国であることが国際的に認められているからだろう。一方北欧では2009年にスウェーデンのストックホルム、2018年にデンマークのコペンハーゲンで開かれただけで、フィンランドでの世界大会開催はまだない。

　ただし近年はITSの分野も激変している。スマートフォンの普及で、以前では考えられなかった手法でITSを活用するスタイルが広がっており、序章で少し触れたように自動車業界でも新しい潮流の一つとしてコネクテッドカーがトレンドになっている。

　さらに言えば、世界中のITS関連組織が同じ方向を目指しているわけではない。ITSジャパンのウェブサイトにも、欧州の動向として、地域特性に応じたモビリティマネジメント、歩行者・自転車や公共交通への道路空間再配分、官民連携を柱とした総合的な都市交通政策が各都市で急速に展開・実現されていることを紹介しており、欧州では公共交通見直しの動きが目立っていることを挙げている。

　2004年に設立されたITSフィンランドも、日本を含めた他国のITS組織と共通で、高度交通システムの研究・開発・展開を推進し、交通分野の安全性や効率性を向上させることを目的としている。現在は公的機関、民間企業、研究機関など100以上の会員組織が属している。

　オフィシャルサイトに掲載している代表的な企業はHSL、MaaSグローバルのほか、スウェーデンに本拠を置きフィンランドでも展開する半官半民の電話会社テリア（Telia）、ICTサービスプロバイダーのCGIなどで、運輸通信省、輸送インフラ庁、経済開発・交通・環境整備センターなどがパートナーとして名を連ねている。自動車関連会社が多く名を連ねるITSジャパンとは顔ぶれが違う。

　自国資本の自動車メーカーを持たないことや、国の組織が運輸と通信の両方を管轄していることも関係しているかもしれないが、公共交通を含め

たモビリティ全体を考える組織であり、情報通信技術を積極的に活用していこうという意思が伝わってくる。

その ITS フィンランドは MaaS について、「利用者のドア・ツー・ドアの移動サービスへの期待に応えるために、個々の交通機関を調整する単一のサービスプロバイダーによって単一のプラットフォームを提供し、利用者の主要な交通ニーズを満たすモビリティ配信モデルとしており、サービスは通常、携帯電話事業者サービスと同様のパッケージにまとめられる」と書いてある。

ここでも公共交通をシームレスにつないでアプリとして配信し、料金は携帯電話のように定額制とすることが記されている。さらに「Spotify of transportation」という表現もあり、定額制の音楽配信サービスに似た存在であることも記されている。

MaaS 導入の必要性について ITS フィンランドでは、世界が「○○アズ・ア・サービス」の考え方に向かっていることを挙げるとともに、ユーザーの期待がますます高度化かつ細分化している一方、輸送システムをハードウェアの面で改革する余地は限られ、都市に新しいインフラを建設する機会は少なくなってきており、現状のままでは交通渋滞が引き起こす社会への悪影響が懸念されることを指摘している。

「MaaS の父」と呼ばれた男

この ITS フィンランドで 2012 年から 2015 年まで CEO を務めていたのが、現在 MaaS グローバルの CEO の座にあるサンポ・ヒエタネン（Sanpo Hietanen）氏だった〔図5〕。

彼はヘルシンキ工科大学で土木工学を学び、2006 年に国営のフィンランド道路事業会社に入る。

翌年デスティア（Destia）と名を変えたこの組織は、スウェーデン王国統治時代の王立洪水対策委員会にルーツを持ち、ロシア統治時代を経て独

立後の1925年、道路の建設業務を加えた道路水路建設局（RWCA）に発展した。その後、全国公共道路水道委員会と全国公共道路委員会に分かれ、さらに後者は2001年、公道の維持管理の調整役であるフィンランド道路管理局と、他の土工業者

図5：サンポ・ヒエタネン氏

とともに道路整備を行うフィンランド道路事業会社に分社化される。ヒエタネン氏が入社したのはこの時期にあたる。

　デスティアはフィンランド国営の土木部門の業務を継続する目的で設立された国有会社で、道路のほか橋やトンネル、鉄道、エネルギーインフラなどの建設と維持管理を担当するほか、道路についてはデータ集積と分析も行っている。なお2014年からはフィンランド最大の投資会社アールストローム・キャピタル（Ahlström Capital）が株式を保有している。

　彼は交通情報サービス事業領域を担当していたが、入社後間もなく、運輸業界の将来に関するプレゼンテーションを行うことになり、その構想を練っている中でMaaSの源流となるモビリティのパッケージ化のアイデアを思いついたという。

　このプレゼンテーションは多方面に影響を与え、すぐに運輸省（現運輸通信省）が動き始めた、これが2009年のフィンランド高度交通戦略に結実したと言われている。社内的にも評価されたのか、その後ヒエタネン氏はデスティアの副社長にまで上り詰めた。このときは販売および生産プロセス、IT、研究開発、新規事業開発を管理している。しかし2009年からはヘルプテン（Helpten）という会社のCEOになった。

　ヘルプテンは2007年に設立された運転記録事業者で、多くの企業に

ICTによる運転履歴を用いたサービスを提供している。運転手と車両、修理店をつなぐことで運転記録と整備記録を一つのアプリにまとめ、車両の状況や整備の可否などの情報を提供したり、保険会社と協力して運転記録に応じたきめ細かい保健サービスの展開などを行ったりしている。自身をコネクテッドカー分野のパイオニアと称する主張は十分納得できるものである。

ヘルプテンはITSフィンランドのメンバーに名を連ねていた。これが契機となって2012年、ヒエタネン氏はITSフィンランドのCEOに就任した。

ITSフィンランドのトップになった彼は早速イベントの準備に取り掛かる。「A Starting Event for the World's First Mobility as a Service Operator」つまり世界初のサービスオペレーターとしてのモビリティのキックオフイベントだった。

しかしMaaSという言葉は彼が生み出したものではないようだ。2012年、当時の運輸大臣メリヤ・キロネン氏が立ち上げた新輸送政策クラブ（The Club for New Transport Policy）の場で、初めて使用されたという記録がある。

このクラブは運輸通信省を中心に、自治体、運輸通信関連企業、ITSフィンランド、フィンランド技術庁の関係者が参加していた。ヒエタネン氏も関与していただろう。最初はTaaS（トランスポーテーション・アズ・ア・サービス）も考えられたものの、最終的にはMaaSが選ばれたそうで、発案はノキアで携帯電話の製品開発責任者を務めた人物だったという。

たしかにトランスポーテーションは輸送の意味であり事業者が主語になるのに対し、モビリティ（移動）は移動者が主語になるという違いがある。TaaSではなくMaaSにしたのは正解であろう。

しかしこのクラブは非公開であり、公式の場でMaaSが初めて披露されたのは2014年5月、アアルト大学工学部の学生ソニア・ヘイッキラ氏がMaaSをテーマとした修士論文を発表したときで、国内外のメディア

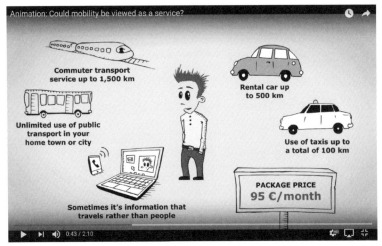

図6：ITS欧州会議で運輸大臣により上映された動画の1コマ（提供：ITSフィンランド）

で大きく取り上げられた。実はここにもヒエタネン氏は関わっている。ヘルシンキ市交通計画局長とともに彼女の講師を務めていたからだ。

続いて同年夏、ヘルシンキで第10回ITS欧州会議が開催される。オープニングセレモニーでは、この年運輸大臣に就任したヘンナ・ヴィルックネン氏が「モビリティはサービスと見なすことができますか？」というテーマのアニメ映画を上映しつつプレゼンテーションを行い、フィンランドがサービスとしてのモビリティに取り組んでいることをアピールした（図6）。

そして同年末にヴァンターのフィンランドサイエンスセンター（通称Heureka）で行われたキックオフイベントで、ヒエタネン氏は基調講演としてMaaSのビジネスプランを公表し、プロジェクトをすぐに始めたいと呼びかけた。多くの組織の代表が賛同し、資金が集まっていく。これを元に事業化に向けた動きが始まり、2015年5月、MaaSフィンランドが設立された。

この時点ではヒエタネン氏は代表に就任してはいない。賛同企業の一つであるフランスのモビリティ事業者トランスデヴ（Transdev）が、全面的な協力の条件として、ヒエタネン氏のMaaSフィンランドCEO就任を掲

げてきたことが契機と言われている。彼が「MaaSの父」であると認めたが故のこの提案を、ヒエタネン氏は受け入れる。

　それ以外にもトルコの自動車会社カルサン（Karsan）など国外企業4社、国内企業4社が出資を行ったことで、資金調達の目標に達した。そこでヒエタネン氏は2015年暮、MaaSフィンランドのCEOへの就任を発表。翌年正式に代表としての活動をスタートさせると、世界展開という意気込みを示すように、社名をMaaSグローバルに変更したのである。

　ヒエタネン氏が「MaaSの父」と呼ばれることは、一連の経緯を見れば多くの人が認めるところだろう。しかし同時に運輸通信省やITSフィンランドなど、さまざまな組織が同時進行的に歩みを進めていたからこそ、MaaSが形になったこともまた事実である。そして最初にMaaSが導入された首都ヘルシンキもまた、この概念を必要としていた。

2050年のヘルシンキを考える国際コンペ

　ヘルシンキが日本の東京に劣らぬ一極集中の状況にあることは前の章で書いた。国全体での人口は微増傾向にあるが、増えているのは大ヘルシンキと地方の中核都市で、それ以外の地方では都市への人口流出と高齢化が急速に進んでいる。この点も日本に近い状況にある。

　国の主力産業が自然資源をベースとした林業や製紙業から情報通信に代表される頭脳集積型産業へとシフトしたことが、人口移動をもたらしたと言われている。

　もちろんフィンランドでも対策は講じている。従来は労働経済産業省が地方を担当していたが、2016年から農林省に移された。同省では2020年までの4年間、地方政策委員会を組織しており、地方の資源を最大限に活用し、活気に満ちた豊かな田園地帯を目指している。

　なお地方政策委員会の英語表記はRural Policy Committeeで、ルーラルを直訳すれば農村になるが、本書では意味の通りやすい地方という表現

を使うことにする。

　一方でフィンランドでは、首都ヘルシンキを中心とした地域のさらなる発展も目論んでいる。国の中での住民の取り合いのような感じを受ける人がいるかもしれないが、地方に住み続ける人を増やしつつ、首都圏では国外からの人材流入を期待しているのだろう。

　ニューヨーク、ロンドン、パリ、上海、そして東京。国を代表するメガシティはその国を牽引する存在として国際競争に晒されている。常にフレッシュなコンテンツを用意して世界中の人々の目を惹きつけておく必要がある。

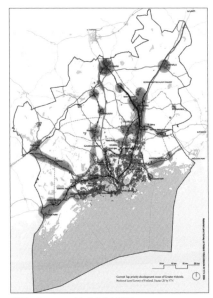

図7：Greater Helsinki 地図
（提供：Greater Helsinki Vision 2050）

　フィンランドは早くから情報通信産業を育成し、ノキアのように改革に際して海外からの人材を豊富に受け入れてきた経緯もある。首都ヘルシンキにはそんなフィンランドの姿勢を世界に示す広告塔としての役割もある。

　そのヘルシンキで21世紀にスタートしたプロジェクトの一つに、「Greater Helsinki Vision 2050」があった。名前で分かるように、第3章で紹介したヘルシンキと周辺14都市の、いわゆる大ヘルシンキについてのプロジェクトだった〔図7〕。

　2003年に策定したこのプロジェクトはまず2006年から2007年にかけて、2050年の大ヘルシンキを計画するというテーマの国際コンペからスタートした。温暖化と高齢化という地域の二つの重大課題をはじめ、モビリティ、サービス、エネルギー、生活などの問題解決が目的とされていた。主催は環境省、14の地方自治体、フィンランド建築協会だった。

　コンペには欧州を中心に86件のエントリーがあり、審査は金融庁、環

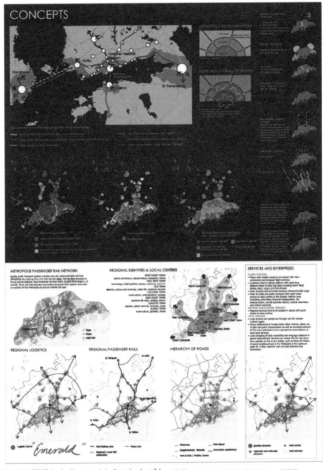

図8：優勝したEmeraldのコンセプト（提供：Greater Helsinki Vision 2050）

境省、自治体、ヘルシンキ工科大学の関係者が担当した。

　モビリティに関する課題には交通計画も含まれており、優先すべきゾーンとして第3章で触れた地下鉄のエスポーへの延長区間、ヴァンター国際空港を通る鉄道新線をはじめ、鉄道や道路周辺の12地区が指定されており、交通と連携した開発が求められていたことが窺える。

　優勝したのはフィンランド建築協会のメンバーが中心のグループによる

「Emerald」で、すでに陸路で結ばれているサンクトペテルブルグのみならず、海を隔てたタリンやストックホルムも海底トンネルで結ぶというスケールの大きな内容でありながら、大ヘルシンキ内では近未来の鉄道ネットワークを前提とした複数の地域拠点に住・職・商を集結させ、公共交通利用者には「気候ボーナスカード」を導入するなど多方面にわたる提案が評価された〔図8〕。

コンペの結果は2008年末までオンラインで掲示されており、地域住民が応募作品にコメントを付けたりすることで生活環境向上に貢献できるというユニークな機会も設けられていた。

再開発がもたらした公共交通移行への流れ

コンペの結果を参考に、2012年には新しいマスタープランの提案が行われ、鉄軌道の整備、半島部の中心市街地拡張、ヘルシンキのコンパクトシティ化、公園・緑地帯・街路樹の増加、郊外ショッピングセンター周辺の住宅整備など、いくつかのテーマが提案された。中心市街地では公共交通整備を充実させ、高速道路網は郊外や周辺部での展開を重視するという考えも確立している。

プロジェクトはまず三つの都市から始まった。このうちヘルシンキの「Meri-Helsinki」と名付けられた事例（Meriは海という意味のフィンランド語）では、中心市街地周辺のヤトカサーリ、パシラ、カラサタマ、クルーヌヴオレンランタで再開発を実施することになった〔図9〕。

ヤトカサーリは都心の西に位置する港湾地域で、近隣にはタリンやストックホルム、サンクトペテルブルクに向かうフェリーが発着する西港がある。再開発は貨物港機能の郊外への移管により実現するもので、現時点でこの地域とフェリーターミナルの2ヶ所に路面電車が乗り入れ都心と直結しているが、将来はこの2ヶ所をつなぐ路線が整備される予定で自転車レーンも整備される。2030年までに2.1万人分の住居と6000人分の雇用創

図9：ヘルシンキ再開発地区 （提供：ヘルシンキ市）

出を目指す。

　パシラはフィンランド鉄道ヘルシンキ中央駅の次の駅で、国内では中央駅に次ぐ年4700万人が利用している。ヴァンター国際空港に向かう東回りと西回りの列車が分岐する場所でもあり、将来は中央駅と空港を結ぶ地下鉄も通る予定という。ここは鉄道操車場跡地を再開発するもので、商業施設、オフィス、住宅が入る9つの高層ビルが建設され、国と市が主催するコンペが行われる。2040年までに3万人分の住居と5万人分の雇用を用意する。

　カラサタマは都心の東側に位置し、地下鉄でヘルシンキ中央駅から4駅の場所にある。こちらは工業地帯・港湾地域だった場所で、2018年にはショッピングセンターが開業。地下鉄駅とショッピングセンターにパークアンドライド用自動車駐車場300台分と自転車駐輪場224台分を用意している。隣接した地域はグルメとイベントのスポットとして注目を集めつつある。2040年までに2.5万人分の住居、1万人分の雇用を用意する予定となっている。

　最後のクルーヌヴオレンランタは、湾を隔てて都心に面したラーヤサロ

第4章　MaaSが生まれた理由　｜　87

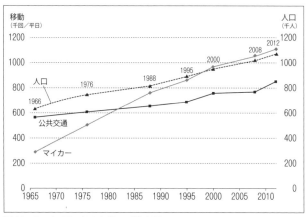

図10：フィンランドのトリップ数変遷 (提供：運輸通信省)

島の西岸にある。自然に囲まれ、公園が多く、アウトドアも楽しめる、ヘルシンキ市民の余暇の場所として親しまれている。ラーヤサロ島という名前で気づいた人もいるだろう。第3章で紹介したクラウンブリッジで将来都心と直結する予定となっている。ここは2030年までに1.3万人分の住宅と800人分の雇用を用意する計画で、住宅だけでなく学校、商業施設、介護施設を展開する予定になっている。

　4エリア合計での住居・雇用確保は15万人規模に達する。再開発地域と市の中心部は、鉄道や路面電車、バスなどの公共交通で結ばれることになっている。しかしすべての住民や勤労者が公共交通で移動するとは限らない。本数が少ない、乗り換えがあるなどの理由で、この再開発地域に住み働く人の多くがマイカー移動することになると、交通渋滞などさまざまな問題が起こることは容易に想像できる。

　フィンランドの過去50年の統計では、公共交通利用者が人口の伸びをやや下回っているのに対し、マイカー利用者は逆にそれを大きく上回る勢いで増え続けており、この勢いに歯止めをかける必要があった〔図10〕。それには単に路線を用意するだけでなく、その路線をより使いやすくするための工夫も重要という考えに至りつつあった。

第5章
ヘルシンキでMaaSを体感する

MaaSアプリのパイオニア「Whim」

　2015年5月に会社組織として産声を上げたMaaSフィンランドは、その後サンポ・ヒエタネン氏の代表就任、MaaSグローバルへの社名変更を経ながら、MaaSの核であるアプリの開発を着々と進めていた。それは2016年6月、Whim（ウィム／以降Whimと表記）という名前とともに発表されてテスト運用が始まり、10月にサービスがスタートした。

　こうしてMaaSグローバルは世界初のMaaSオペレーターとしてのポジションを確立した。

　ちなみにWhimは日本語に訳すと「気まぐれ」「思いつき」という意味である。時刻や運賃などのことを心配せず、思いつきや気まぐれで移動ができるツールであることから、この言葉を当てたようだ。

　筆者も2018年にヘルシンキを訪れた際、Whimを使ってみた〔図1〕。後で紹介するように、Whimには一時利用と定額利用のメニューがあるが、

89

このときは短期滞在なので一時利用のメニューを選択した。

アプリをダウンロードし、クレジットカードなどの情報を登録するという手順は、モビリティ関係ではウーバーと同じだ。これで準備は完了となる。あとは目的地や出発時間を入力するだけである。

図1：Whim のアプリ画面

自分が滞在していたホテルの前から知人と待ち合わせのホテルまでを検索してみると、公共交通、速さ優先、環境優先のルートが運賃とともに表示された。

公共交通というメニューは他の多くの経路検索アプリには見られない。公共交通の利用を促すことで良好な都市環境を保つというコンセプトを教えられる。ゆえに環境優先でも似たようなルートが提示される。逆に早さ優先ではタクシー利用を勧めるパターンが多い。

我が国の経路検索アプリには当然のように用意されている安さ優先というメニューがないことにも気づく。これは以前書いたようにヘルシンキの公共交通が一元化されており、ゾーン制運賃を採用しているので、公共交通を使う限りどのルートを通っても運賃の違いはないことが関係しているかもしれない。

ここでは公共交通利用のルートを選ぶと、地図と乗り換え案内が表示された。地図はグーグルマップを使用しているとのことで、有名な施設は日本語で表示されることもある。ルートがOKであれば下のボタンを押すとクレジットカードでの支払いが完了する。表示されたQRコードが切符代わりになるので、路面電車に乗車する際に乗務員に提示した。ただしヘルシンキの路面電車は信用乗車方式を採用しており、どのドアからでも乗り降りができるので、見せることが義務ではない。車内にQRコード

読み取り機はなかった。

ちなみにアプリでの乗車は、通常の切符を買うよりお得になっている。切符の場合は80分間で2.9ユーロだが、Whimでは同じ80分間で2.2ユーロになった。逆に現金の場合に端数を切り上げることが多い我が国のICカードとは大きく違う。

HSLも独自のスマートフォンアプリを持っており、定額制メニューはないものの、あらかじめクレジットカード情報などを入力することで事前決済が可能となっている〔図2〕。こちらも80分間で2.2ユーロと切符よりお得になっていた。

図2：HSLのアプリ画面

何度か使用して感じたことの一つに、予想以上に徒歩移動を活用することがあった。目的地の最寄りの路面電車停留場まで公共交通で案内するのではなく、途中の停留場から歩いていく指示を出すことがある。そのほうが目的地に早く到着するからである。

徒歩も交通機関の一つであることを教えられる結果になったが、他のメンバーは10分以上歩いたり階段を使ったりということもあったという。ユニバーサル優先などのメニューを用意しても良いだろう。

タクシーも試した。こちらは前述のように速さ優先を選ぶと、多くの場合タクシーになり、画面にタクシー会社と料金がリストアップされる。地元住民であれば好みのタクシー会社があるかもしれないが、日本からの旅行者であればもっとも安い会社を選択するのが自然だ。

そこでもっとも安いタクシー会社を選ぶと、自動的に配車予約が入り、アプリ上に自分が乗るべきタクシーの屋根上の標識に書かれている番号が位置とともに表示されるので、地図を見ながらその番号の車両が来るのを

図3：ヘルシンキのタクシーナンバー表示

待つことになる〔図3〕。

　ウーバーなどのライドシェアに似た内容であるが、ナンバープレートと車種で照合するウーバーより、タクシー会社と屋根上の番号で見分けるWhimのほうが分かりやすい。

　タクシーに乗り込んだときに行き先を告げたり、降りるときに運賃を支払ったりする必要がないのはウーバーと同じで、タクシーの運転席に取り付けられたスマートフォンには当方と同じ乗車地と目的地を示した地図が表示してあった。もちろん通常の運賃を示すタクシーメーターも備わっており、Whimで予約した時と異なる金額が出る場合もある。

　国土交通省が2017年に行った東京都でのタクシー事前確定運賃実証実験では、メーター運賃との乖離は2％以内を目標として掲げ、実験結果では0.6％以内に収まったという。

　ヘルシンキでは30％に達することもあるそうで、お国柄の違いが出ているとも言えるが、定額制メニューとなればメーター運賃との乖離は当然発生するはずであり、正確性にこだわるあまり利便性を失うような状況は避けてほしいものである。

高評価の理由はオールインワン

　MaaSグローバルがプロデュースしたアプリWhimは2019年4月現在、三つのメニューを用意している。一時利用のWhim to Go、30日有効のWhim Urban 30と月額制のWhim Unlimitedだ〔表1〕。

　Whim to Goは市内ゾーンの公共交通（地下鉄、路面電車、通勤電車、バス）

表1：Whim メニュー表 (提供：MaaS グローバル)

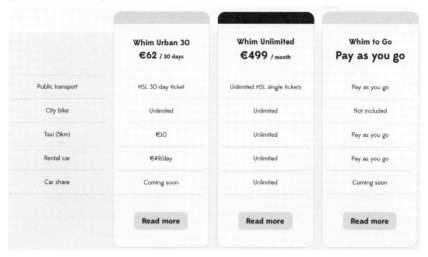

のほかレンタカーとタクシー（5 km まで）が利用できる。タクシーの距離制限は他のメニューも同じで、タクシー利用が多くなることで都市環境が悪化することを防止している。運賃・料金は乗車時ごとに事前決済される。

Whim Urban 30 と Whim Unlimited は、前者が 62 ユーロ、後者が 499 ユーロとなる。公共交通は市内は無制限、郊外を含めた地域も追加料金を支払うことで使える点は共通するが、それ以外は異なる。

当然ながら Whim Urban 30 のほうが制約が多く、Whim to Go では乗れなかった自転車シェアリングは 30 分以内、タクシーは 1 回につき 10 ユーロ、レンタカーは 1 日につき 49 ユーロの支払いで使用できる。Whim Unlimited では自転車シェア、タクシー、レンタカーが無制限になり、カーシェアリングは 2 時間以内無料、それ以上は追加料金の支払いにより使える。

フィンランドでマイカーを所有すると、1 ヶ月あたり 550 〜 600 ユーロの出費があるという。これが Whim の月額料金、特に Whim Unlimited のそれの設定の際に参考になったようだ。

図4：MaaS グローバルのオフィス

　ヘルシンキでは MaaS Global 本社で、サンポ・ヒエタネン CEO からさまざまな話を聞くことができた。

　会社は中心市街地のビルの1フロアを用いており、内部はカジュアルかつポップな雰囲気で、日本の多くの会社とは雰囲気が大きく異なっていたが、2018年3月に訪れた米国カリフォルニア州サンフランシスコにあるウーバーのヘッドクォーターに似ていた〔図4〕。

　オフィスの壁には、Whim アプリのトリップ数を表示する黒いディスプレイがある。社員全員が待望していた100万回の数字が表示されたのは2018年7月だったそうで、筆者が訪れた同年9月末にはその数字は約170万回となっていたが、約1ヶ月後の10月26日には200万回、年末には250万回をマークしたというから、利用者数は加速度的に増えている。

　なぜ Whim を使っているかというアンケート結果も見せてもらった。圧倒的に多いのは「オールインワン」であり、全体の半数近い46%を占め、2位の「使いやすさ」の15%を大きく引き離していた。18〜34歳の若年層では約6割がこれを支持している〔図5〕。

　このオールインワンには、公共交通、タクシー、レンタカー、自転車シ

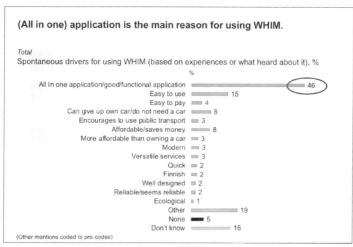

図5：Whim 使用理由 （提供：Maas グローバル）

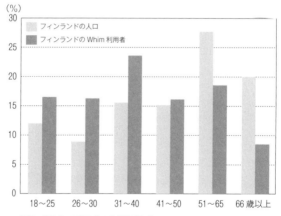

図6：Whim 利用者の年齢別比率 （提供：MaaS グローバル）

ェアリング、カーシェアリングと、マイカー以外のあらゆる交通手段が一つのアプリで使えることだけでなく、運賃の支払いを行えることも含まれているようだ。MaaS のシームレスな部分が評価された結果である。

　年齢層別では30歳代の支持がとりわけ高く、それを含めた20〜40歳代ではフィンランドの人口比率を上回っているが、高齢者の利用も少なからずある。早くから携帯電話が普及した国らしい〔図6〕。

Whim の導入もあってヘルシンキの移動の状況は大きく変わった。MaaS Global が 2018 年に発表したデータによれば、それまでも 48 ％と高かった公共交通利用率は 74 ％にまで跳ね上がった反面、マイカーの利用率は 40 ％から 20 ％に減少している。わずかではあるがタクシーも 3 ％から 5 ％に伸びている。

一方で HSL の統計を見ると、公共交通利用者数は 3 億 7500 万人で、2017 年の数字ということもあり前年比は 2 ％の伸びにすぎないが、チケット収入は 3 億 5770 万ユーロで、こちらは 7.9 ％増加となっている。個々の移動者が公共交通の利用比率を増やしたことになり、Whim の月額制メニューの効果もあると想像できる。

多数のデザイン賞獲得の理由

MaaS という概念をいち早く形にした MaaS グローバルの Whim は、当然ながら国内外で多くの賞に輝いている〔図7〕。

まずは 2016 年 9 月、ヘルシンキ市および同市が中心となって設立した ICT 改革のための産官学連携プラットフォームであるフォーラムヴィリウムヘルシンキ（Forum Virium Helsinki）の設立 10 周年イベントで発表された「ヘルシンキスマートシティアワード」で、スマートシティアクションアワードを受賞した。

続いて同年 11 月にはスウェーデンの首都ストックホルムのスマートシティカンファレンスで、2016 年のディスラプティブイノベーター（破壊的革新者）として認められ、「ノルディックスマートシティアワード」を獲得している。

2017 年はまず 4 月に、1933 年設立という長い歴史を持つフィンランドヴィジュアルコミュニケーションデザイナー協会（Grafia）が 1980 年から選定しているベストオブザイヤー（Vuoden Huiput）において、サービス部門で金賞、イノベーション部門で銀賞に輝いた。

図7：Whim の受賞歴 (提供：MaaS グローバル)

　続いて7月には、デジタルフォーラムフィンランド（デジタルサービスプロバイダー協会）とソフトウェア・Eビジネス協会の主催で2012年からスタートしたベストモバイルサービスコンテストで、最優秀賞を受賞している。

　そして10月には、ドイツのノルトライン＝ヴェストファーレン州デザインセンターが主催するレッドドットアワードで、コミュニケーションデザイン賞を獲得した。このレッドドットアワードは1955年以来の歴史を持ち、世界3大デザイン賞の一つと言われる。

　賞賛の嵐は2018年になっても収まらず、2月には欧州議会と民間企業が共催するモビリティのための欧州スタートアッププライズで、MaaS グローバルと Whim が500近いスタートアップの中からトップ10に選ばれ、ベルギーの首都ブリュッセルで表彰された。

　さらに翌月には、世界最古の独立系デザイン組織とされるドイツのiFインターナショナルフォーラムデザインが1953年に設立したiF デザインアワードにおいて、サービスデザイン部門で表彰されている。こちらもレッドドットアワード同様、世界3大デザイン賞の一つと言われている。

　加えて2019年の2月には、ヨーロッパのデジタル産業を代表する業界団体であるデジタルヨーロッパが主宰する、デジタル社会の未来に焦点を

当てたイベント「マスター・オブ・デジタル」でフューチャーユニコーンアワードを受賞している。

　ここで紹介した以外にも、Whim は数多くの表彰を受けており、影響力の大きさが分かる。中でもデザイン分野の賞については、米国のインターナショナルデザインエクセレンスアワード（IDEA）とともに世界3大デザイン賞として扱われるドイツの二つの賞に輝くなど、軒並み高い評価を受けている。どれだけ Whim が画期的なアプリであったかを物語っていると言えよう。

　しかし中にはなぜ、Whim がデザインの賞を次々に獲得しているのか、理解できないという人がいるかもしれない。

　筆者は日本を代表するデザインの賞であるグッドデザイン賞の審査委員を、2013年度から6度務めている。このグッドデザイン賞、デザインの優劣を競う制度と思っている人がいるかもしれないが、そうではない。審査を通じて新たな「発見」をし、社会と「共有」することで、次なる「創造」へつなげていく仕組みである。言い換えれば、デザインによって私たちの暮らしや社会をよりよくしていくための活動だ。

　ゆえに製品だけでなく、建築、ソフトウェア、システム、サービスなど、我々を取りまくさまざまなモノやコトに贈られることも、特徴の一つに挙げられる。形や色だけでなく、仕組みや取り組みについても評価・顕彰していこうという、広い目を持った制度である。これはレッドドットアワードや iF デザインアワードにも共通する傾向である。

　Whim はアプリの画面表示、つまりグラフィックデザインが洗練されているだけでなく、使い勝手も優れている。こちらはコミュニケーションデザインと呼べるだろう。多くの交通手段を統合しシームレスな移動につなげた設計はサービスデザインでもあり、社会的な要求から生まれた仕組みなのでソーシャルデザインとも言える。そして多くの課題解決を一体感のあるプロジェクトとして進めたトータルデザインも評価されるべきである。

図8：アアルト設計のフィンランディアホール

　○○デザインという言葉がこれだけ存在することからも、デザインのフィールドが年々広がりつつあることが理解できるだろう。さらに最近はデザイン経営、デザインマネジメントなど、仕事や生活といった分野にまでデザイン的な思考を持つことが重要になりつつある。

　Whim はここに挙げたような多様な視点で見ても優れていることが、多数の受賞につながったと思っている。見た目がきれいなだけ、仕組みがシームレスなだけでは、これほどの評価は獲得できなかったはずだ。

　この高評価のバックグランドとして、フィンランドが伝統的に高いデザイン能力を持ってきたことに触れないわけにはいかない。

　今や大学の名前にもなった建築家アルヴァ・アアルトは、個人の住宅から公共建築まで幅広い分野の設計を手掛けた一方、家具や照明などのプロダクトデザインも手掛けた。フィンランドの豊かな自然を反映した有機的なモダニズムは、今も多くの人を魅了している〔図8〕。

　さらにアルヴァとアイノのアアルト夫妻がデザインに深く関わったガラス製品のイッタラ、大胆な柄と色使いで知られるファブリック製品のマリ

図9：デザイン美術館のアアルトとマリメッコ展示

メッコなど、デザインでアピールするブランドは多い〔図9〕。携帯電話のカバーをいち早く脱着可能として着せ替えの楽しさを提供するなど、ノキアもデザインが注目された会社の一つである。

さらにヘルシンキは、国際インダストリアルデザイン団体協議会が推進している世界デザイン首都に2012年に指定されるなど、都市設計という面でも評価されている。Whim のデザインの素晴らしさはフィンランドというバックグラウンドによるところも大きい。

積極的な海外展開

サンポ・ヒエタネン氏が会社名を MaaS フィンランドから MaaS グローバルへ変更した理由に、世界展開があったことは前の章で書いた。その動きはヘルシンキに Whim を導入した2016年にすでに始まっている。同年9月にベルギーのアントワープ、12月には英国バーミンガムを中心と

するウェストミッドランド地方で展開を始めている。

ただしメニューはヘルシンキと同じではなく、アントワープは一時利用のPay as you Goと月額制で制約の多いWhim Everydayの2種類で、Whim Unlimitedに相当するメニューはない。ウェストミッドランドはPay as you Goのみで、Whim Everydayは導入準備中となっている。

投資についても順調に増え続けている。2017年8月には我が国のトヨタファイナンシャルサービス、デンソー、あいおいニッセイ同和損保とトルコのスイフトが出資し、総額で1420万ユーロとなった。さらに2018年8月には900万ユーロを確保している。

今後の予定としては、オランダとオーストリア、シンガポールへの導入の準備を進めているという説明があった。さらに2019年には米国、欧州、アジアの10都市以上に展開を進める計画があることも明かしていた。

このうちシンガポールについてはその後、英国、豪州、中国などでバス、タクシー、レンタカーなどを運営する世界最大級の陸上輸送会社コンフォートデルグロ（Comfort Del Gro）と提携して、2019年に事業を開始する予定と発表があった。

MaaS Globalのオフィスには、同社を訪問した都市名が40以上列記してあった。ニューヨーク、ロサンゼルス、パリ、上海といった名前もあった。世界中の都市が北欧フィンランドで2016年にアプリを立ち上げたばかりのスタートアップに視線を注いでいるという構図を実感し、やはりMaaSが画期的な概念であることを教えられた。

このときは日本の都市名をそこに発見することはできなかったが、2019年4月になると三井不動産が、まちづくりにおけるMaaSの実用化に向けた協業についてMaaSグローバルと契約を締結し、同社への出資を行うと発表した。

2019年中に両社で首都圏において、交通事業者などと連携した実証実験を開始するとともに、サービス化に向けた取り組みを加速させていくとのことで、展開が注目される。

第6章 世界で導入が進むMaaS

MaaSアライアンスの発足

　2014年のヘルシンキでMaaSの概念が発表されたことを受けて、翌年フランスのボルドーで開催されたITS世界会議では、MaaSアライアンスなる組織が結成された。

　会長にはITSヨーロッパのCEOが就任し、10名からなる理事会にはMaaSグローバルやウーバーの人間も入っていた。

　メンバーは輸送機器製造事業者、公共交通事業者、運輸関係省庁、自治体、交通インフラ企業などで構成されており、2019年3月現在で68組織が名を連ねている。フィンランドでは運輸通信省、フォーラムヴィリウムヘルシンキなどが参加している。欧州の組織が中心であるが、ウーバー以外にも米国の組織の名を見ることができる。ただし日本の組織はまだ参加していない。

　オフィシャルサイトには、すでに展開している事例について世界地図と

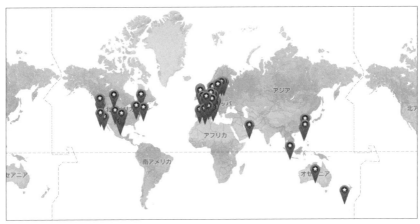

図1：MaaS アライアンスが紹介する展開事例（提供：MaaS アライアンス）

ともに紹介されている。こちらも欧州が中心ではあるが北米、中東、豪州、アジアなどでの展開も見られる。アジアでは中国、台湾、シンガポールの事例が取り上げられている〔図1〕。

MaaS オペレーター別では、フランスのレンタカー会社ヨーロッパカー・グループのカーシェア会社ユビコ（Ubeeqo）が8ヶ所でもっとも多く、オランダの交通系カード事業者トリップキー（Tripkey）が6ヶ所、カナダ発祥の MaaS オペレーターであるトランジット（Transit）が5ヶ所で続いている。

MaaS アライアンスでも MaaS についての定義を記している。それによれば、さまざまな形態の輸送サービスを統合した、オンデマンドでアクセス可能な単一のモビリティサービスとしており、MaaS オペレーターは利用者の要求を満たすべく、公共交通、ライドシェア、カーシェア、自動車シェア、タクシー、レンタカーなどさまざまな交通手段のメニューを用意するとしている。

利用者にとっては、交通を乗り換えるたびに発券や支払いを繰り返すという不便さを、一括決済という付加価値によって便利なものへと転換する概念である一方、ビジネス面においても事業者や利用者の情報へアクセス

することで、新しいサービスをもたらす可能性があることに触れている。

　MaaS アライアンスでは現在、ユーザーのニーズと規制上の課題への対処、単一マーケットの開発、技術的な問題への対処という三つのワーキンググループが運営されているとのことで、メンバーのオープン性を活かして交通事業者、MaaS オペレーター、利用者の代表である国や自治体が協力し、世界中で活気のある MaaS が実用化されていくことを支援していくとしている。

MaaS レベル評価基準の誕生

　一方、2017 年 11 月にはフィンランドのタンペレで、タンペレ大学運輸リサーチセンター「ヴェルヌ（Verne）」の主催により、第 1 回 MaaS 国際会議（ICoMaaS）が開催された。会議では MaaS の前提条件、成功要因、社会への影響などについての研究が、多くの関係者によって論文として発表され、一部は出版されている。

　ちなみに第 2 回国際会議は、さまざまな実験とサービスからの経験と気候変動、移動行動、交通の貧困への影響をテーマとして、2019 年 12 月に開催される予定となっている。

　ここでスウェーデンのチャルマース工科大学、MaaS オペレーターであるユビゴー（UbiGo）、ICT 研究機関の RISE ビクトリア（RISE はスウェーデン研究機関の略）の研究者が共同で発表した論文「MaaS の位相幾何学的アプローチ」が、MaaS のレベル分けを提案し話題になった〔図2〕。

　このレベルは情報やサービスの統合の具合によって制定したもので、MaaS レベル 0 〜 4 の 5 段階からなる。レベル 0 は統合なし、1 は情報の統合、2 は予約と支払いの統合、3 は契約と責任を含むサービス提供の統合、そして 4 は社会的目標の統合としている。

　具体的な MaaS の内容としては、レベル1ではマルチモーダルな経路検索と運賃案内を実現、2 では一時利用での検索から支払いまでを実現、

図2：MaaS レベル（提供：MaaS 国際会議）

3ではシームレスとサブスクリプションを実現、そして4は政策レベルでの実現ということになる。

論文ではMaaSが革新的な概念であることを示しながら、それらを比較する定義がないこと、さらに従来型のモビリティサービスを融合しただけでMaaSと呼んでいることにも触れていた。MaaSに関わる事業者が増えるにつれて、誇大宣伝が目立っていることを懸念していた。

さらにMaaSの真の意味を理解していないと、既存の交通の何を変えるべきか、利用者に何を提供すべきか、どこを目標とすべきかが分からず、所定の成果が得られない可能性があることを懸念してもいる。

スウェーデンの研究者たちは、現時点でMaaSは流動的な段階であり、概念を定義することは時期尚早であると考えている。5段階あるレベルの最上位を現時点で空白としたのは、それを示唆したのかもしれない。またライドシェアの多く（このチャートではリフト／Lyftが相当）はマルチモーダルではないが事前決済を実現しており、レベル0であることには違和感を覚える。

それでも前に挙げたMaaSを取り巻く不明瞭な部分に対処すべく、流

表1：自動運転レベル
(出典：高度情報通信ネットワーク社会推進戦略本部・官民データ活用推進戦略会議『官民ITS構想・ロードマップ2018』2018年6月15日)

レベル	概要	安全運転に係る監視、対応主体
運転者が一部又は全ての動的運転タスクを実行		
レベル0 運転自動化なし	・運転者が全ての動的運転タスクを実行	運転者
レベル1 運転支援	・システムが縦方向又は横方向のいずれかの車両運動制御のサブタスクを限定領域において実行	運転者
レベル2 部分運転自動化	・システムが縦方向及び横方向両方の車両運動制御のサブタスクを限定領域において実行	運転者
自動運転システムが（作動時は）全ての動的運転タスクを実行		
レベル3 条件付運転自動化	・システムが全ての動的運転タスクを限定領域において実行 ・作動継続が困難な場合は、システムの介入要求等に適切に応答	システム (作動継続が困難な場合は運転者)
レベル4 高度運転自動化	・システムが全ての動的運転タスク及び作動継続が困難な場合への応答を限定領域において実行	システム
レベル5 完全運転自動化	・システムが全ての動的運転タスク及び作動継続が困難な場合への応答を無制限に（すなわち、限定領域内ではない）実行	システム

動性を取り入れたうえでのMaaSの評価手法を開発することが大事であると研究者たちは記している。

　論文の作成に際しては、まずコンバインドモビリティ、インテグレーテッドモビリティサービスなど、MaaSと類似の概念について共通点や相違点を特定した後、2016年11月にMaaSオペレーター、交通事業者、研究者、資金提供者などの専門家によるワークショップがスウェーデンのヨーテボリで開催され、レベル作成に取り組んだという。

　自動車に詳しい人は、2014年に作成された自動運転のレベル分けに似ていると思ったかもしれない（表1）。

　ちなみに自動運転のレベル分けは、当初米国運輸省道路交通安全局（NHTSA）が定めたレベル分けを使用していたが、2016年からは同じ米国のモビリティ専門家による非営利団体である自動車技術協会（SAE）が制定したものに切り替わった。それまではレベル1～4の4段階だったのに

対し、現在はレベル0〜5の6段階になっている。

しかしMaaSレベルを定義した論文には、自動運転のレベル分けを参考にしたという記述はない。それにMaaSレベルと自動運転レベルとでは大きな違いがある。

自動運転は現在、レベル0から5までの5段階があるが、実用化されているのはレベル2以下であり、将来的に実現可能な技術についてあらかじめレベルを設定したものである。

一方のMaaSは、すでにベンチマークであるMaaSグローバルのWhimが存在しており、これをベースにして、他のMaaSに近い概念のサービスを含めながらレベルを構築していったという印象が強い。

現在の自動運転研究開発の流れは、2004年から3回行われた米国国防高等研究計画局（DARPA）のロボットカーレースを源流としており、優勝者がその後グーグルで自動運転の研究開発を推進した。ゆえに米国が評価手法を確立したのは自然に思える。

この点はMaaSも同じであり、北欧フィンランドでMaaSの概念が世界に先駆けて発表され、MaaSアプリの代表であるWhimが送り出された後、同じフィンランドで開催されたMaaS世界会議で、隣国であるスウェーデンの研究者が評価手法を確立した。MaaSの故郷はやはり北欧なのである。

気になる点としては、自動運転のレベル分けは自動車メーカーやサプライヤー、メディアなど業界内の多くの関係者がこのルールに沿っているのに対し、MaaSレベルに際しては個々のMaaSオペレーターがこのレベルについて言及していないことだ。

そればかりか、一部のメディアはスウェーデンの研究者が作成したチャートにはない事業者を入れたり、事業者のレベルを変えたりという勝手な操作をしている。日本でもこうした傾向は目立つ。

多くの人にとって理解しやすいMaaSプレイヤーの評価手法を作り上げたスウェーデンの研究者たちに敬意を表し、彼ら自身やMaaSアライ

アンスなどの公的組織が、自動運転のレベルのようにアップデートしていくのが筋であろう。

スウェーデンの取り組み

　前に紹介した MaaS レベルでは、フィンランドの Whim と同じレベル 3 にスウェーデンの MaaS オペレーター、ユビゴーが入っている。さらに作成に関わったスウェーデンの研究者グループの中にも、ユビゴーの関係者が名を連ねている。

　一連の経緯でお分かりのように、スウェーデンもまたフィンランド同様、モビリティ改革に熱心に取り組んできた国である。同じ北欧諸国ということで、国土、気候、人口などの状況は似ているし、フィンランドのノキアに相当する企業としてはエリクソンがあり、早くから情報通信産業が発展してきたことも両国に共通している。

　しかしユビゴー誕生までのストーリーは Whim との関連はない。発端はスウェーデン第 2 の都市ヨーテボリが 2012 年 1 月から 2014 年 12 月まで進めたゴースマート（Go:Smart）プロジェクトにあるからだ。フィンランドで MaaS という言葉が公表される前のことである。

　このゴースマートはスウェーデンイノベーションシステム庁（Vinnova）を中心に、運輸庁、ヨーテボリ市と同市を含むヴェストラ・イェータランド県、同県の公共交通運行事業者であるヴェストトラフィーク（Västtrafik）、同市を本拠とする自動車メーカーのボルボなどが支援し、ヨーテボリ郊外にあるリンドホルメン・サイエンスパークが主体となって進められた〔図3〕。

　ちなみにイノベーションシステム庁は、モビリティ分野以外でもスタートアップの革新的なプロジェクトに積極的に投資を行っており、スウェーデンが先進的な国家であるというイメージを内外に植え付ける原動力の一つになっている。またボルボは 1998 年に乗用車部門とトラック・バス部

図3：ヨーテボリのバス

門が分社化されており、ここで取り上げるのはトラックとバスを手掛けるABボルボである。

ユビゴーはゴースマート・プロジェクトの一つとして、ヨーテボリで2013年11月から2014年4月にかけて半年にわたり83世帯195名（子供22名を含む）により実験がなされた。

内容はWhimと似ていて、鉄道、バス、レンタカー、カーシェア、自転車シェアなど都市内の交通をシームレスにつなぎ合わせ、運賃は事前決済であり月額制も用意されていた。導入時に用意されたイラストではジクソーパズルのピースに乗り物を描き、ピースをつなぎ合わせることでシームレスであることをアピールしていた（図4）。

実験のパートナーはボルボとチャルマース大学で、後者による評価の結果、市民の行動変化、利用者の満足度、収益性の高いビジネスの可能性として非常に良い結果を示した。交通手段別ではカーシェアやタクシーの利用が増えており、定額制によって安心して利用できることを裏付けていた

第6章 世界で導入が進むMaaS | 109

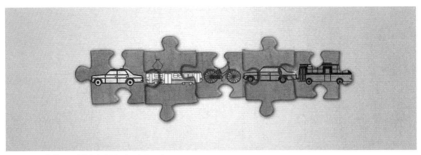

図4：ユビゴーの概念を示したイラスト（提供：ユビゴー）

表2：ユビゴーの実験結果（提供：チャルマース大学）

モード	使用前（参加者数40人）	使用中（参加者数36人）
徒歩	25％	－5％
自転車	10％	＋35％
自家用車	25％	－50％
カーシェア	2％	＋200％
路面電車	15％	＋5％
路線バス	15％	＋35％
高速バス	3％	＋100％
電車	2％	＋20％

〔表2〕。2015年5月にはOECD国際輸送フォーラムの「有望なイノベーション」賞を受賞した。

ユビゴーはその後2017年末に、首都ストックホルムに導入された。こちらはストックホルム市、ストックホルム地域交通会社（SL）、レンタカー会社のハーツ（Hertz）、カーシェア会社ドライブナウなどが協力し、EUが資金援助している都市交通の革新的かつ持続可能なプログラム（CIVITAS）も支援を行っている。

それ以外の都市でもユビゴーのコンセプトとプラットフォームに基づいたサービスを導入すべく議論が進行中であり、2017年10月にはオーストリアのICT交通システム事業者であるカプシ（Kapsch）グループの一員でMaaSプラットフォーム提供者であるフルードタイム（Fluidtime）がユビゴーと提携。北欧以外の都市におけるMaaS展開のためのフランチャイ

ズの役割を果たすと予想される。

　ちなみにストックホルムにもヘルシンキ同様、公共交通自身が提供するアプリ「SL ジャーニープランナー・アンド・チケット」が存在しており、経路検索だけでなく運賃決済もできる。

　スウェーデンは世界的にキャッシュレス決済が浸透している国の一つであり、ストックホルムの公共交通は現金で切符を購入することはできず、事前に準備した IC カードかアプリを利用することになる。

スイスの取り組み

　欧州では我が国のかつての国鉄と同じように、鉄道網を国有としている国が存在する。スイスもその一つで、国や州が株式を保有するスイス連邦鉄道が国内各地に路線を伸ばし列車の運行を行っている〔図5〕。

　スイスはドイツ語、フランス語、イタリア語、ロマンシュ語の四つを公用語としており、スイス連邦鉄道はドイツ語では SBB、フランス語では CFF、イタリア語では FFS、ロマンシュ語では VFS と表されており、車両や駅などには SBB・CFF・FFS の文字列が並んで表記されている。

　ロマンシュ語圏は南東部グラウビュンデン州の一部に限られており、主にレーティッシュ鉄道というスイス最大の私鉄がネットワークを広げている。私鉄とはいえ出資の大部分は州と国であり、民間資本はわずかである。これは欧州の地方の私鉄にはよく見られるパターンである。レーティッシュ鉄道は観光輸送でも有名であり、一部の路線と景観はユネスコの世界文化遺産に登録されている。

　一方のスイス連邦鉄道は地域輸送を担う他、都市間の高速鉄道も走らせており、一部はフランスやドイツ、イタリアに乗り入れる。路線長は約 3000 km、年間乗客数は 3 億 2200 万人、貨物輸送は 5400 万 t となっている。環境保護の観点からほぼすべての路線が電化され、時間の正確さでは日本に匹敵し、バスを含めた乗り換えがスムーズにできることも特筆される。

図5:スイス連邦鉄道ローザンヌ駅

図6:スイスのポストバス

都市交通としては路面電車がチューリッヒ、ジュネーヴ、ベルン、バーゼルを走り、ローザンヌにはこの国唯一の地下鉄が存在する。さらにトロリーバスを含めたバスもくまなく走っている。これらの運営や運賃が一元化されているのは他の多くの欧州都市同様である。またスイスは湖が多い国でもあり、レマン湖やルガーノ湖などでは観光船の他、対岸の都市へ向けてフェリーも運航している。

　一方地方のバスは、国営の郵便事業者スイスポストの子会社ポストバスが運行している〔図6〕。郵便配達用馬車に人を乗せて運んだことがルーツでその後旅客専用になった。2017年現在で約2300台の車両を持ち、1.5億人を運んでいる。地方には欠かせない交通手段である。

図7：SBBモバイルの画面
(提供：スイス連邦鉄道)

　これらスイス国内の交通をシームレスに検索し、運賃決済もできるアプリが、スイス連邦鉄道が提供するSBBモバイル（ここではCFF・FSSは使われない）である〔図7〕。

　SBBモバイルは2008年に提供を開始した。当時から目的地を入れると時刻表が表示され、オンラインでチケットを購入できた。チケットはQRコードで表示され、スマートフォンを振ると自動的にチケット画面が出てくるという凝ったシステムだった。

　2015年にはモデルチェンジを実施。まずベータ版が供給され、利用者に実際に使用してもらうことで改良を重ね、正式版は翌年から展開を始めた。

　新しいSBBモバイルでは駅名をキーボードで入力することなく、画面に表示された駅の写真（表示の順番は自由に変更可能）の中から、出発地から

目的地までをスワイプする（指でなぞる）だけで時刻表が現れ、片道か往復か、1等か2等か、同行者を追加するか、一時利用か一日利用かなどを選択して購入するとQRコードを映した画面が現れる。これがチケットになる。

　アプリには利用する列車の発車や到着のホーム、乗り換え時間、列車のサービス内容まで表示され、出発の約3時間前からは電車の編成も見ることができる。リアルタイムの遅延情報も確認することが可能だ。このあたりは鉄道事業者が開発したアプリらしい。

　クレジットカード情報についても入力ではなく、カードの種類を選択したあとボタンをクリックすることで、スキャニングにより情報が自動的に読み込まれる。これだけでもかなり利用者の労力は軽減される。

　しかもこのSBBモバイル、スイス連邦鉄道のみならず、レーティッシュ鉄道のような私鉄、ロープウェイやケーブルカー、都市交通、ポストバス、湖船まで、スイスの公共交通すべてをカバーしている。もちろん駅や停留所からではなく、自宅や観光施設などからも検索でき、徒歩ルートは地図と連動している。

　国際列車については別途予約が必要になるが、その場合でも航空機のチケット同様、スイス連邦鉄道のアプリ表示が可能となっている。スイス国内の航空券の予約も可能となっており、一部の都市の自転車シェアリングの利用もできるようだ。ただしカーシェアリングの「モビリティ」についてはまだリンクされていない。

　スイスはカーシェア発祥の地で、1980年代に住民による共同利用が始まり、まもなく事業者が続々登場。その後統合が進み、1997年に大手2社の統合によりモビリティ協同組合（Mobility Cooperative）が設立され今に至る。ユーザー数は17万7100人で、国内1500駅に9ジャンル約2930台の車両を24時間無人で提供している。

　SBBモバイルでは、スイス連邦鉄道の列車や施設の不具合を利用者が報告できるようになっている。ウーバーの運転手評価に似たシステムだ。

鉄道事業者直営ならではの考えであり、ユーザー参加の姿勢を感じさせる。利用者がどれだけの時間を移動に費やし、マイカー移動と比べてどれだけCO_2排出を抑制したかも表示する。

さらにSBBモバイルは、スイスパス、スイストラベルパスとの連携も実現している。

スイスパスはスイス在住者向けの割引チケットで、公共交通料金が半額になるハルブタックス（Halbtax）と、年間定額乗り放題のゲネラルアボ（GA）がある。スイストラベルパスはジャパンレールパス同様、旅行者向けのチケットで、連続する3・4・8・15日間であれば乗り放題で、発行から1ヶ月以内に使用できる。

またSBBモバイルは地域圏限定チケット、午後7時以降の利用に限定することで割引となるトラック7などにも適応している。

スイスの国土面積は4.1万km^2で我が国の九州と同じくらい、人口は842万人（2017年）で九州の約3分の2であるが、その国土全体をカバーするMaaSを構築したこと、そしてスイス連邦鉄道などが用意する多彩なサービスに適応している点は注目に値する。

都市内での定額サービスを実現したWhimとは別の意味で評価すべきMaaSではないかと考えている。

米国の取り組み

スマートフォンやライドシェアを生んだ国だけあり、米国でもMaaSにつながるアプリの開発は積極的に進んでいる。多くはスタートアップ企業によるもので、自治体や交通事業者との協業により導入しているパターンが多い。

たとえば第1章で紹介したオレゴン州ポートランドでは、2010年に同市で設立したグローブシェルパ（GlobeSherpa）が開発を担当し、2013年から提供を始めている。カリフォルニア州ロサンゼルスが2015年に導入

したLAモバイルも同社が手掛けた。

なおロサンゼルスではその後、複写機で知られるゼロックス（Xerox）の開発で、2016年にゴーエルエー（GoLA）がリリースされ、コロラド州デンバー（GoDenver）、カリフォルニア州モンロヴィア（GoMonrovia）でも同様のアプリが展開された。ゴーエルエーは日本のメディアでも紹介されたが、2018年にサービスを終了している。

これ以外にも2011年にはテキサス州オースチンでライドスカウト（RideScout）、翌年にカナダのモントリオールでトランジット（Transit）などのスタートアップが生まれている。

なおグローブシェルパとライドスカウトは2016年、次の章で紹介するドイツのムーヴェルに吸収され、ムーヴェルノースアメリカを結成している。これにともない、ポートランドとロサンゼルスではアプリの刷新が進んでいる。

第2章で紹介したライドシェアのパイオニア、ウーバーの動きも見逃せない。

同社はライドシェアのライバルになりそうな公共交通のリサーチやコンサルティングにも関わっており、米国、豪州、インドなど30都市以上を手掛け、米国では地元サンフランシスコのカルトレイン、ジョージア州アトランタのマータも含まれる。ロンドンの地下鉄では2017年秋から金・土曜日限定で深夜運転が始まったが、これのリサーチも担当したという。

同じ2017年にウーバーは空飛ぶタクシー、ウーバーエア（当初はウーバーエレベートと命名）構想を発表してもいる〔図8〕。垂直離着陸可能な電動小型飛行機を用いて短距離移動を提供するもので、自動車では渋滞などによって90分掛かるサンフランシスコ周辺の移動をわずか9分でこなすという。機体メーカーなどと研究を進めており、2020年に実証飛行を行い、2023年に有料での営業飛行を予定している。

さらに2018年には、前年サービスを開始した米国初のドックレス方式（ステーションやポートを持たないシステム）の電動アシスト自転車や電動キッ

クボード（現地では電動スクーターと呼ぶ）のシェアリングを展開する企業ジャンプ（Jump）と提携し、ウーバーのアプリで予約が可能になった〔図9〕。

前述したウーバーエアも同じアプリで予約する予定となっており、単一のアプリで自動車、自転車、キックボード、飛行機を選んで乗ることができるようになる。

さらにウーバーではここに鉄道やバスも組み合わせ、単一のアプリで複数の交通手段を組み合わせて利用できるよう取り組んでいる。

図8：ウーバーエアの予想図 （提供：ウーバー）

図9：ジャンプのシェアリング用自転車 （提供：ジャンプ）

第一弾となったのはゼロックスのアプリが撤退したデンバーで、2019年1月、デンバー地域交通局（RTD）が運営する公共交通をウーバーのアプリで検索・決済できるようにすると発表した。ウーバーによればこれは第一歩であり、近いうちに他の都市にも波及していく予定であるとアナウンスしている〔図10、11〕。

ウーバーの業務がライドシェアのための配車アプリの提供だけではなく、自転車から飛行機までさまざまなモビリティをICTでマッチングし、一つのアプリでシームレスに移動できる世界を考えていることが分かる。それはまさにMaaSであり、同社が広い視野でモビリティを見つめていることが分かる。

図 10：公共交通に対応した
　　　 ウーバーアプリ（提供：ウーバー）　　　図 11：ウーバーアプリの
　　　　　　　　　　　　　　　　　　　　　　　　　　　公共交通チケット（提供：ウーバー）

台湾の取り組み

　アジアで MaaS にもっとも積極的に取り組む地域としては台湾（中華民国）が挙げられる。本章の最初で紹介した MaaS アライアンスの展開事例でも、アジアでは台湾が唯一、複数の都市を取り上げている。台湾を代表する都市でもある台北の「ユマジ（遊・買・集）」と南部の中心都市高雄の「メンゴー（Men ▶ Go）」だ。

　3.6 万 km^2 という九州よりやや小さい土地に、九州の倍近い約 2359 万人（2018 年現在）が住む台湾は、日本同様自動車や二輪車の普及により大気汚染や交通渋滞などさまざまな問題に悩まされていた。とりわけ温暖な地域ということもあり、東南アジア同様二輪車が多く、大気汚染のみならず交通事故も問題になっていた〔図12〕。

　こうした状況に対し、台湾行政院は 2020 年までに二酸化炭素排出量

を 2008 年水準に抑え、2025 年には 2000 年並みの 2 億 2100 万 t に削減、長期目標としては 2050 年に 2000 年の半減を目指すことを目標として採択した。

国の方針を受けて公共交通の整備が急ピッチで進んだ。日本の地下鉄に

図12：自動車・二輪車の普及で様々な問題を抱えていた台湾の都市部

相当する MRT は、1996 年から走っている台北に続いて高雄に 2008 年、台北近郊で国際空港のある桃園に 2017 年に開業し、ライトレール（路面電車）も高雄に 2017 年、台湾でもっとも人口の多い台北のベッドタウンである新北に 2018 年、それぞれ開通した〔図13〕。

バスでは台北、中西部の台中、高雄で専用レーンを設け、定時走行を行っている。このうち台中では 2014 年に BRT が導入されたが、システムの不具合や渋滞悪化などを理由に1年で終了し、現在はバス専用レーンとなっている。

長距離移動では台湾鉄路管理局が運行する路線が各地に伸びており、日本の技術を活用した高速鉄道（高鉄）が台北～高雄間を最短約1時間30分で結んでいる。飛行機の国内線は高速鉄道が通っていない都市や離島などに向けて飛んでいる。

IC カードとしては台北の悠遊卡（Easy Card）と高雄の一卡通（iPASS）があり、アプリも導入している。双方とも他の都市でも使え、観光地や遊園地、映画館、レストラン、ショッピングセンターなどでも使える。このあたりは我が国のスイカなどの展開に似ている。

二輪車が関わる問題を抱えているためもあり、自転車利用促進の政策も目立つ。専用レーンの整備や自転車シェアの導入などで、後者は悠遊カー

図13：高雄 MRT ／ライトレール路線図（提供：高雄捷運）

ドなどでも利用可能となっている。鉄道やバスへの自転車持ち込みも可能な路線が増えている。

　一方で地元企業のゴゴロ（Gogoro）は、都市内のステーションでバッテリー交換可能な電動スクーターを扱いやすいアプリとともに考案。台湾の他ドイツのベルリンや我が国の石垣島などでも展開しており、2018年度のグッドデザイン賞で金賞に輝くなど、この分野におけるベンチマーク的存在になっている。

　しかしながら、これらの政策だけでは環境対策を果たし切れているとは言えず、公共交通の利便性をさらに高めるサービスが必要だった。そのた

図14：ユマジのアプリ画面（提供：ユマジ）

めに投入されたのがユマジとメンゴーである。

　日本の国土交通省に相当する交通部と通信最大手の中華電信が共同で開発し、2018年10月にリリースしたユマジは、リアルタイムでの公共交通情報と道路交通情報を統合し、スマートな経路検索とオンライン決済を実現した。実現にあたっては交通部の他、地下鉄やバス事業者、旅行会社、ICT企業、交通コンサルタントなどが関与している〔図14〕。

　中華電信が提供しているポイント（Hami Point）に対応しており、ポイント交換による割引などを設定している点や、アプリを通じてショップやレストランの特典や割引が受けられること、交通状況に合わせたスケジュールの調整ができる「コーディネーター同行」メニューなどもある。こうしたアミューズメント的要素は欧米のアプリではなかなか見当たらない。

　2019年には英語、日本語、韓国語版など多言語サービスを実現し、外国人観光客がさらに便利で快適に台湾を移動できることを目指すよう推進していく。今後はセット乗車券などにも対応するとともにサービス範囲を

拡大し、台湾全体で展開できるようにする計画だという。

一方のメンゴーは2018年9月に発表された。こちらは交通部と高雄市が中心となって開発し、公共交通事業者や一卡通、大学などが協力している。特筆すべきはWhimが先駆けとなった定額制サービスを基本としていることだ。

料金は一般と学生で分かれており、前者で言えば市内バスのみ乗り放題のメニューが479元、市内バスと高速バスが使えるメニューとMRT・ライトレール・市内バス・タクシー・フェリー・自転車シェアが利用可能な無限メニューがともに1499元、フェリー乗り放題メニューが1800元となっている。

フェリー乗り放題メニューが高価なのは車両積載可能かつ回数無制限であるためで、無限メニューではフェリー利用は4回までかつ車両不可となっている。また無限メニューで使える自転車シェアは30分以内無料でその後は料金が加算されるが、MRT乗車後1時間以内の利用では無料範囲が1時間に延長される。タクシーは600元分のポイントが付いており、初乗り運賃85元に限り適用可能という仕組みだ。

MRTやバスなどの公共交通を組み合わせて使うことを奨励すべく、練りこまれた内容になっていることが分かる。

1元＝3.5円で計算すると無限メニューは約5250円で、現在の為替レートで考えれば、同等のサービス内容となるWhim Urban 30の62ユーロよりお得感がある。ちなみに現金で切符を購入すると、MRTで高雄国際空港から高雄中央駅まで8駅・21分が35元となるので、前述のレートで計算すると122円となる。

台湾の二つの事例は、方向性は異なるものの、どちらもMaaSと呼んで差し支えない内容を持っていると考える。台湾の交通事情は欧州よりも日本に近いと思えるが、MaaSについては一歩先を行っていると感じられる。

第7章
自動車メーカーが MaaS に参入する理由

自動車は MaaS に含まれるのか

　日本で MaaS が一般的になりはじめた 2018 年、時を同じくして自動車業界がこの概念を話題に取り上げることが多くなってきた。さらにメディアでも MaaS が活用される乗り物として自動車、クルマを紹介する記事が多くなっている。

　一口に自動車あるいはクルマと言っても、乗用車、トラック、バスなどさまざまな種類がある。さらに乗用車で言えばマイカー、タクシー、レンタカーなどの使われ方の違いが存在する。

　第 6 章で紹介した MaaS アライアンスが掲げた MaaS の定義では、さまざまな形態の輸送サービスを統合した、オンデマンドでアクセス可能な単一のモビリティサービスとしており、MaaS オペレーターは利用者の要求を満たすべく、公共交通、ライドシェア、カーシェア、自動車シェア、タクシー、レンタカーなどさまざまな交通手段のメニューを用意するとし

ている。

　本書の最初に紹介した国土交通政策研究所の資料では、マイカー以外のすべての交通手段という言葉が出てくる。筆者がフィンランドを訪れた際にお会いした現地のMaaS関係者も、マイカーに対抗すべく生み出された

図1：MaaSは公共交通のための概念

概念であると話していた。マイカーは自身が所有する自動車で移動するものであり、移動サービスや輸送サービスではない〔図1〕。

　にもかかわらずMaaSと自動車を結びつける主張が一部にあるのは、自動車がこの国における基幹産業であり、欧米と同等かそれ以上にモビリティの主役を占めていることが関係しているだろう。

　一般社団法人日本自動車工業会によれば、自動車関連産業の就業人口は539万人と、わが国の全就業人口6530万人の8.3％を占める。また2015年の主要製造業の製造品出荷額で見ると、全製造業の合計313兆1285億円に対し、自動車は57兆524億円で18.2％に達する。

　ちなみに輸送用機器全体では20.6％であり、自動車以外は2.4％にすぎない。輸送用機器の約9割は自動車ということになる。いずれの統計でも一般機械や電気機器など、他の分野を抑えてトップの地位にある。移動の主役を占めているわけだからMaaSでも主役になるのは当然であるという主張が出てくるのだろう。

　ちなみに我が国で言えば、自動車の多くは乗用車で占められている。国土交通省が2018年12月末に発表した保有台数統計によると、乗用車が6202万6432台、トラックが1447万3012台、バスが23万3223台で、ト

ラックやバスは長年同じ車両を使い続ける傾向にあるので生産台数ほどの開きはないが、実に乗用車が81％を占める。

　もちろんすべての乗用車がマイカー（自家用）として使われているわけではなく、タクシーやカーシェア、レンタカーなどでも稼働している。

　ただし我が国の2018年のハイヤーおよびタクシー車両数は23万4486台、レンタカーは62万80台、公益財団法人交通エコロジー・モビリティ財団の調査による2018年3月時点でのカーシェア車両台数は2万9208台だから、ほとんどはマイカーである。

　つまり現状では、自動車とはほとんどの場合マイカーを指す言葉であり、現時点ではMaaSの構成要素とするのは誤りであるという結論になる。しかし将来がどうなるかは分からない。

　現在ライドシェアの市場は拡大を続けており、ここに自動運転が融合し運転手がいなくなれば、空いている時間に他の利用者に移動を提供することが自在にできるようになり、稼働率が上がる。ウーバーは自動運転ライドシェアの実現によって、自動車の台数を最大97％削減できると語っている。

　運転手が不要になるうえに稼働率が上がれば、移動コストは大幅に下がる。そうなれば所有から共有への移行が進み、マイカー比率が低下する可能性もある。仮にタクシーやレンタカー、カーシェアやライドシェアの比率が乗用車の過半数になれば、乗用車はMaaSの一部をなすことになる。

　自動車メーカーにとって自動運転ライドシェアへの参入は、マイカーのための車両を数多く作って売るという従来のビジネススタイルからの転換が必要となる。それでもこの勢いは止められないと認識しており、将来を見据えて、自動車もMaaSの一部と主張しているのだろう。

　ただしライドシェア市場が成長したとしても、MaaSを構成する交通の一つであることは変わらない。地方ではともかく、大都市では鉄道や路面電車、バスなどを差し置いて主役になることは考え難い。

　ITSフィンランドの図版が示しているように、公共交通には大量輸送と

図2：交通手段と道路渋滞の関係（提供：ITS フィンランド）

いう利点があり、これをすべて乗用車に置き換えると激しい渋滞が発生して移動そのものが破綻する〔図2〕。

　第5章で紹介したヘルシンキの MaaS アプリは、月額制と言えるメニューに Whim Urban 30 と Whim Unlimited の2種類があり、前者が62ユーロ、後者が499ユーロと料金に大差がある。前者では時間制限やオプション料金が存在する自転車シェア、タクシー、レンタカーが無料で無制限に使えることが違いになっている。

　最新情報では Whim Unlimited の利用者は少なく、多くの人が Whim Urban 30 を使っているというが、前述した料金の大差は、タクシーやレンタカーを含めた自動車を減らすことで都市問題を解決するという MaaS グローバルの狙いが表れたものでもある。

　MaaS は交通問題や環境問題を背景に生み出された概念であるという原点に、多くの人が今一度立ち返る必要があろう。

ビッグデータが移動を支配する？

　インターネットを使ったサービスで近年注目を集めている要素にビッグデータがある。サイトの運営者などが利用者の閲覧情報を記録し、膨大なデータを分析することで個々の利用者の生活環境や趣味嗜好などを把握するものだ。

　ビッグデータが現代のビジネスに大きな影響を及ぼすことはGAFA、つまり米国のグーグル、アップル、フェイスブック、アマゾン・ドットコム4社の業績を見ても明らかであろう。

　2018年10～12月期の売上高は、グーグルを傘下に持つアルファベットが392億7600万ドル、アップルが843億1000万ドル、フェイスブックが169億1400万ドル、アマゾンが723億8300万ドルとなっており、損益はアルファベットが89億4800万ドル、アップルが199億6500万ドル、フェイスブックが68億8200万ドル、アマゾンが30億2700万ドルの利益だった。

　トヨタ自動車の同時期の売上高は7兆8015億円で、営業利益は6761億円となっている。売上高ではトヨタを大きく下回るアルファベットやフェイスブックがトヨタに並ぶ利益を出していること、アップルを含めた3社の利益率の高さが目立つ。

　アップルはスマートフォンやパソコンの開発生産も行っているが、売り上げを伸ばしているのは音楽配信などのサービス分野だという。ビックデータを駆使したきめ細かいサービスが高水準の利益につながっているというのが専門家の見方である。

　こうしたデータビジネスは、スマートフォンを用いたモビリティサービスにも当てはまる。たとえばウーバーでは、個々の利用者がどこからどこまで、何月何日何時何分に移動したかといったデータを蓄積している。同じ都市でのタクシーとの稼働状況比較も可能となっている。少ない車両を効率的に稼働することが可能になり、利便性向上とコスト削減、都市環境

維持の両立が期待できる。

　さらにウーバーでは、当初からAPIを活用しており、他社の地図情報や決済機能などと連携してきた。2014年にはこのAPIを公開したことで、レストランやホテルのアプリからの配車予約を可能にしている。

　グーグルマップや我が国の乗り換え検索アプリも同様のデータを取得し製品開発に役立てている。特にグーグルはスマートフォンのOS、インターネットの検索サイトなども持っており、蓄積しているデータ量は膨大であることが予想される。携帯電話キャリアでありYahoo!をグループ内に持つソフトバンクも同様であろう。

　グーグルが自動運転の研究開発で一歩リードし、2018年には自動運転タクシーの商用利用実現に漕ぎ着けた背景には、ビッグデータの処理能力の高さも関係している。

　MaaSオペレーターもまた、多くの移動者のデータを取得できる環境にある。このデータは利益配分や運行改善などに役立てる他、移動中の利用者に嗜好性に見合った広告を展開したり、ショップやレストランなどの情報を提供したり、車内で飲み物を販売したりという可能性を持っている。

　自動車メーカーもこの流れに対応し、車両に通信モジュールを搭載することで事故や急病の際に緊急車両の出動要請を行ったりしつつ、稼働時間や目的地などのデータを分析することで、カーシェアやライドシェアで使用した場合のサービス展開を考えている。

　ただ個人の移動全体の情報を把握するなら、車両よりもスマートフォンなどの携帯情報端末のほうがふさわしいと多くの人が考えるだろう。MaaSへの注目の理由にはこうした側面もある。

　しかし繰り返すようだが、MaaSはそもそもマイカー以外でのシームレスな移動を提供するツールであり、情報提供や広告展開、物品販売などは移動ではないわけで、副次的な要素であると位置付けるべきだろう。

トヨタが仕掛けた二つの先進事例

　もっとも自動車関連企業の中には、MaaSが話題になる前から、マルチモーダルアプリ提供などのトライを行っていたところがある。我が国を代表する自動車メーカー、トヨタ自動車もその一つだ。

　1990年代、後述のドイツ・ダイムラーが発売した超小型の2人乗り乗用車「スマート」に影響を受け、トヨタと日産自動車、本田技研工業（ホンダ）は同様の乗用車を開発する。当時のスマートにはガソリンとディーゼルのエンジン車しか設定がなかったのに対し、3台はすべて電気自動車だった。しかも市販したのは日産だけで、トヨタとホンダはシェアリングでの展開を前提としていた。

　トヨタの「イーコム（e-com）」は1997年に発表され、2年後から2006年にかけて、カーシェアリング方式の実証実験「クレヨン」を、お膝元である愛知県豊田市で実施した。

　自宅や仕事場のパソコンあるいは専用駐車場に設置した予約・充電管理の端末機に、会員が保有する専用ICカードでアクセスし利用するもので、各車両の位置情報を把握する情報通信ネットワークのモネ（MONET／モバイル・ネットワークの意味）と道路交通情報通信システム（VICS）が位置情報や走行情報を管理し、料金決済のシミュレーションも行った〔図3〕。

　時代を考えればかなり先進的な取り組みであり、当初はイーコム35台、会員数300人程度であったが、最大時にはイーコム約70台／登録会員数約950名を擁していたことから、壮大な実験であったことも分かる。

　この経験を生かしてトヨタは同じ豊田市で2012年から、今度は都市交通システムの実証運用「ハーモ（Ha:mo）」を始めている。ここでは自動車などのパーソナルな乗り物と公共交通を最適に組み合わせ、人や都市、社会に優しい移動の実現を目指しており、トヨタ以外に豊田市、中京大学、名古屋鉄道（名鉄）などがメンバーに加わっていた。

　ハーモは低炭素かつシームレスな移動をサポートする情報提供システム

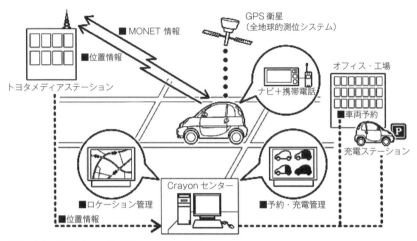

図3：クレヨンのイメージ（出典：TOYOTA ウェブサイト　https://global.toyota/jp/detail/11973708）

「ハーモナビ」と、都市内の短距離移動を想定した超小型電気自動車「コムス」のシェアリングサービス「ハーモライド」の二つのサービスで構成された。

ハーモナビは、スマートフォンやタブレット端末のアプリで目的地までのルート案内を行うものだ。トヨタが運営していた車載通信システムや道路交通情報通信システム、公共交通事業者からの情報を元に案内し、渋滞やパーク＆ライド駐車場の状況、周辺イベントの有無や天気を考慮した案内を行う。早い順、安い順の他に環境負荷が小さいエコ順を用意していたのが新鮮だった〔図4〕。

図4：ハーモナビのスマホ画面
(提供：トヨタ自動車)

一方のハーモライドは、公共交通の最寄駅と最終目的地との間の数km程度の移動に対して、コムスの他ヤマハ発動機の電動アシスト自転車「パス」をシェアリングで提供するというものだった〔図5〕。

図5：豊田市のハーモ実証実験

利用者は事前登録を行って専用ICカードの発行を受け、スマートフォンやタブレット端末で予約し、ICカードで認証と解錠を行う。コムスのキーは車体後部のボックス内、パスのキーとバッテリーはステーションのロッカー内に用意。借り出しと異なる場所への返却が可能なワンウェイ利用（乗り捨て）も可能になっていた。

筆者は2013年にサービスを体験し、先進的な取り組みを行っているトヨタに感心した。特にハーモナビはMaaSアプリのパイオニア的存在の一つだった。しかしその後本格サービスに移行したのはハーモライドのみだった。いずれも超小型モビリティを使用しており、現在は豊田市のほか東京、沖縄県今帰仁村、タイのバンコクで稼働している。

場所の選定は、異なるフィールドで展開することで適応性などを確認するという目的も含まれており、東京とバンコクは大都市、豊田市は地方都市、今帰仁村は観光地として展開している。料金設定も東京や豊田市は10〜15分刻みなのに対し今帰仁村は2時間単位となる。

東京ではパーク24のカーシェアサービスである「タイムズカープラス」と連携しており、豊田市同様スマートフォンで登録と予約を行う。「ちゅらまーいハーモ」と名付けられた今帰仁村ではパソコンで予約を行い、指

図6:「シテリブ by ハーモ」の実証実験

定のステーションからタブレット端末のルート案内に沿って観光地を巡るという内容になっている。

一方フランス南東部グルノーブルで2014年から3年間、フランス電力公社（EDF）、グルノーブル市、グルノーブル都市圏共同体、現地でカーシェアリング事業を営む「シテリブ（Citelib）社」とともに、「シテリブ by ハーモ」の名前で展開したシェアリングサービスの実証実験では、スマートフォンのアプリで車両の予約だけでなく、路面電車やバスを含めたルート案内が可能だった〔図6、7〕。

図7:「シテリブ by ハーモ」を展開したグルノーブルのアプリ

トヨタと西鉄のマルチモーダルアプリ

続いてトヨタは九州北部で鉄道およびバスを運行する西日本鉄道（西鉄）と組み、スマートフォン向けマルチモーダルモビリティサービス「my route（マイルート）」を開発した。マイルートという名称には、モビリティではなく人が移動を決めていくという意味を持たせている。

　こちらについては2018年11月より2019年8月まで、福岡市で実証実験を行っている。以前のハーモナビとは関連がなく、ゼロから構築したものだ。

　この間トヨタの豊田章男社長は、2018年1月に米国ネバダ州ラスベガスで開催された家電見本市（CES）において、トヨタをクルマをつくる会社からモビリティに関わるあらゆるサービスを提供する会社、「モビリティカンパニー」に変革すると発表しており、開発者はその具現化の一つであると語っていた。

　マイルートの導入場所については、国内の1800都市をリストアップし、少しずつ絞り込んでいったという。その結果、福岡が選ばれた。西鉄は福岡のバスのほとんどを運行しているうえに、新しい領域に挑戦したいというビジョンが似ており、連携することになった。

　西鉄以外にも、駐車場予約アプリの「あきっぱ（akippa）」、自転車シェアリングサービスの「メルチャリ」、タクシー配車アプリの「ジャパンタクシー（JapanTaxi）」、ファミリー向けおでかけ情報サイト「いこーよ」、レジャー・遊び・体験の予約サイト「アソビュー（asoview!）」、情報アプリ「ニアリ（NEARLY）」、情報サイト「ナッセ福岡」、福岡市公式シティガイド「よかなび」が連携している。

　このうちジャパンタクシーでは配車予約と事前決済が可能で、西鉄バスはデジタルフリー乗車券（6時間／1日）を用意している。福岡市とはよかなびで連携しているものの、補助金は受けていない。

　マイルートの特徴の一つに、マイカーをメニューに含んでいることがある。マイカー対抗として生まれたMaaSアプリの代表格、ヘルシンキのWhimとは対照的だ。目指す姿はすべての移動手段を提供することであり、マイカーもその一つと考えているという説明だった。なおトヨタではこのマイルートをMaaSとは呼んでいない。

トヨタとソフトバンクの新会社

　さらにトヨタは2018年10月、新しいモビリティサービスの構築に向けてソフトバンクとの提携に合意し、共同出資でモネ・テクノロジーズ（MONET Technologies）という新会社を設立すると発表した（図8）。前に記したように、名称はかつて使用していた情報通信ネットワークと同じである。

図8：トヨタとソフトバンクの共同記者会見
（提供：トヨタ自動車）

　豊田章男社長が2018年1月、トヨタはクルマをつくる会社からモビリティカンパニーに変革すると発表したことは前述したが、このとき発表したのが移動、物流、物販など多目的に活用できるモビリティサービス専用の自動運転電気自動車「イーパレット（e-Palette）」だった。

　この車両の展開に際し、トヨタは拡大を続けるライドシェア市場への本格参入を考えたが、第2章で書いたようにソフトバンクは世界のライドシェア乗車回数の約9割を占める4社の筆頭株主である。モビリティカンパニーへの転換にはソフトバンクと手を結ぶことが不可欠とトヨタは判断し、新会社設立に至った。

　同社はトヨタとソフトバンクの情報通信プラットフォームを連携させ、人や自動車の移動などに関するデータを活用することによって、移動における社会課題の解決や新たな価値創造を可能にするMaaSを導入していきたいとしている（図9）。

　具体的にはまず、利用者の需要に合わせて配車が行える「地域連携型オンデマンド交通」「企業向けシャトルサービス」などを、全国の自治体や企業向けに展開していく予定という。

図9：モネの概要（提供：トヨタ自動車）

　さらに2020年代半ばまでにはイーパレットを用い、移動中に料理を作って宅配するサービスや移動中に診察を行う病院送迎サービス、移動型オフィスなどのモビリティサービスを展開していきたいとしている。
　これらを総称してトヨタでは「Autono-MaaS」と呼んでいる。Autonomous Vehicle（自動運転車）とMaaSを融合させた、自動運転車を利用したモビリティサービスを示すトヨタの造語である。
　モネ・テクノロジーズは2019年2月に事業を始めたばかりだが、直後に次世代型オンデマンドモビリティサービスの提供に向けて国内の17自治体と連携しており、同年3月までに愛知県豊田市と神奈川県横浜市でオンデマンドバス、広島県福山市で乗合タクシーの実証実験を始めているなど、動きの早さを印象付けている。
　また同年3月には、本田技研工業と日野自動車の出資を受けたことを発表するとともに、モビリティイノベーションの実現に向けた「なかまづくり」の一環として、企業間の連携を推進する「モネ・コンソーシアム」を設立した。
　コンソーシアムには5月末時点で計197社が参加しており、多様な業界・業種の企業の参加により、自動運転を見据えた車両やサービスの企画、デ

ータ連携、自治体とのマッチングなど MaaS につながる取り組みや、勉強会・情報交換会の実施、課題取りまとめ・提言活動などによる MaaS 普及に向けた環境整備を活動の内容としている。

ダイムラーの超小型車スマートの展開

　MaaS との親和性の高い自動車メーカーとしてはドイツのダイムラーもある。同社は「ムーヴェル（Moovel）」というアプリを提供しており、ポピュラーな MaaS オペレーターの一つとして認識されている。

　ダイムラーと言えば高級車メルセデス・ベンツの開発生産でも知られており、一見すると MaaS とは縁遠い会社に思えるかもしれない。しかし同社は 1990 年代から環境問題や都市問題を認識しており、自動車メーカーとしてこの問題を解決すべくアプローチを掛けていた。「スマート」がそれである。

　スマートはもともと、時計会社のスウォッチが企画した。スウォッチのようにカジュアルなシティコミューターを考えたようだ。ダイムラーがこのコンセプトに共感を示し、MCC（マイクロ・カー・カンパニー）という合弁会社を 1994 年に設立し、4 年後に発売した。車名はスウォッチとメルセデスの頭文字にアートを組み合わせたものだった。

　最大の特徴は、2 人乗りとすることで全長を約 2.5 m と、メルセデス・ベンツの大型車の約半分に抑えたことである。これにより路上占有面積を大幅に削減し、渋滞解消に寄与した。当初のエンジンの排気量は 600 cc で、現在の軽自動車より小さく、環境性能に優れていた。

　前述したトヨタのイーコムがクレヨンなどのシェアリング前提で開発されたのに対し、スマートはあくまで販売にこだわった。ダイムラーはスマートに乗るメリットをアピールすべく、駐車場やレンタカーなどの優遇措置を用意しようと考え、関連事業者と交渉した。しかし多くの事業者は特定の車種だけ優遇するのは公平性に欠けると判断し、受け入れなかった。

2人しか乗れないことをはじめ、万能性に欠けることを理由に、販売は伸び悩んだ。

とりわけ21世紀になると自転車が環境に優しく健康維持にもつながる乗り物として再注目され、自動車の分野ではカーシェアリングが一般的になってきたこともあり、スマートは環境問題や都市問題に対する理想解とは言えなくなった。

図10：カーツーゴーのスマート

こうした状況変化もあり、ダイムラーは2008年、スマートを用いたカーシェアリングを始めた。社内のビジネス・イノベーション・ユニットという組織でアイデアが生まれ、car2go（カーツーゴー／以降car2goと表記）という名称とともに、ダイムラーの本社があるシュツットガルトの南西約70kmにある都市ウルムに初導入した。

その後car2goのマネジメントはダイムラー・ファイナンシャル・サービスを経て、2011年からは新たに設立したダイムラー・モビリティ・サービスが統括している。ドイツの他英国、イタリア、オーストリア、オランダ、イタリア、米国、カナダの合計25都市に導入しており、ベルリンなど3都市では電気自動車仕様のスマートも用意している〔図10〕。近年はより大型のメルセデス・ベンツを用意する都市も多い。

利用方法は他のカーシェアと同様で、当初は専用カードを用いていたが、現在はアプリでの利用もできる。専用のステーションを持たず、決められたエリア内の駐車場に車両が置かれていて、返却も指定の駐車場であればどこでも乗り捨て可能な「フリーフローティング方式」をいち早く導入したことも特徴である。

図11：マイタクシーの車両 (提供：BMW)

続いてダイムラーは2012年から、シュツットガルトとベルリンでムーヴェル（Moovel）と名付けたマルチモーダルアプリの実証実験を始めた。ドイツのマルチモーダルアプリとしては、翌年ドイツ鉄道（DB）がクィックシット（Qixxit）をリリースしている。

運営を担当するのはcar2goと同じダイムラー・モビリティ・サービスで、同社は2014年にはタクシー配車アプリのマイタクシー（Mytaxi）を買収してもいる〔図11〕。

その後2015年にムーヴェルは独立し、11月にまずシュツットガルトで本格的なサービスを開始した。car2goやマイタクシーはもちろん、公共交通の経路検索や決済も可能となっており、ここで本格的なMaaSへの移行を果たす。

シュツットガルトは盆地の中にある都市であり、ドイツの中でも大気汚染のレベルが高く、大気汚染警報を出すことがある。ムーヴェルではこの警報に対応しており、警報が出た日には運賃が半額になるサービスを始めている。

2016年には前述したように、米国でのこの分野のパイオニアであるスタートアップ企業のグローブシェルパとライドスカウトを買収し、ムーヴェルノースアメリカとしている。続く2017年にはドイツのカールスルーエで、現地のマルチモーダルアプリであるKVVモービル（KVVはカールスルーエ交通連盟の略）のブランドを生かし、技術提供のみを行うという形で導入を果たした〔図12〕。

図 12：ムーヴェルが技術提供したアプリ（提供：ムーヴェル）

　現地のアプリへの技術提供というスタイルは、その後ドイツのハンブルクやデュッセルドルフ、米国カリフォルニア州のサンフランシスコやロサンゼルスでも行っている。

ダイムラーと BMW のサービス連携

　順風満帆に見えたダイムラーのモビリティサービスだったが、彼らは2018 年 3 月、同じドイツの自動車メーカーであり長年のライバルでもある BMW のモビリティサービス部門との統合という道を選び、新会社を共同出資してベルリンに置いた〔図 13〕。
　新会社は五つの部門から成り立っている。マルチモーダルサービスの「リーチナウ」、電気自動車充電ネットワークの「チャージナウ」、タクシー配車アプリの「フリーナウ」、駐車場検索の「パークナウ」、カーシェアリングの「シェアナウ」である。「○○ナウ」という名称は BMW 側が使用し

第 7 章　自動車メーカーが MaaS に参入する理由　｜　139

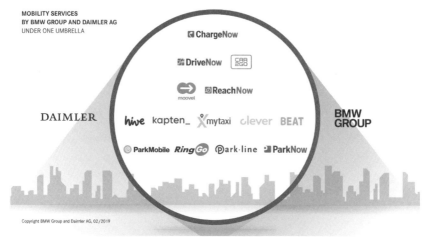

図13：BMWとダイムラーのモビリティ部門統合 (提供：BMW)

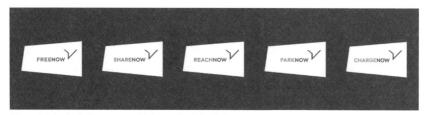

図14：BMWとダイムラーのモビリティサービス名称 (提供：BMW)

ていた〔図14〕。

「リーチナウ」は従来はBMWが使っていたカーシェアサービスの名称だったが、新組織ではダイムラーのムーヴェルの発展型であり、MaaSアプリとなる。世界21都市で670万人のユーザーを抱えており、1.1秒に一度の頻度でサービスが利用されているとされる〔図15〕。

「チャージナウ」は同名のBMWの充電ネットワークを引き継ぐもので、25ヶ国で10万基以上の充電ポイントにアクセス可能。欧州最大の充電ネットワークになるという。

「フリーナウ」はマイタクシーをはじめとする欧州と南米の配車サービスを一つに統合する。世界17ヶ国の130都市で25万人のドライバーを抱

図15：リーチナウのアプリ（提供：BMW）

え、2100万人以上の利用者がおり、こちらも欧州では第1位のアプリになる。

「パークナウ」は同名のBMWのサービスに同様の三つのサービスを統合したもので、駐車場の検索のみならず決済も可能となる。欧州と北米の1100都市で3000万人のユーザーがいるとのことだ。

「シェアナウ」はダイムラーのcar2goとBMWのドライブナウを統合させたカーシェアサービスで、合わせて400万人以上のユーザーが存在し、世界30都市で2万台の車両を利用できる。うち3200台は電気自動車となっている。

内容を見る限り、五つの組織はMaaSというより、序章で紹介したダイムラー提唱のCASEの具現化のための組織である。発表資料を見ても、モビリティ・アズ・ア・サービスという言葉があるのはリーチナウだけで、それ以外にはMaaSとのつながりを示す表現はない。

たしかに純粋にMaaSと呼べるのは経路検索と事前決済を行うリーチ

ナウのみであり、電気自動車の充電に関するチャージナウと駐車場に関するパークナウはマイカーを対象としている。またカーシェアのシェアナウとタクシー配車のフリーナウのサービスはリーチナウにも含まれており、重複している。

　モビリティサービスの名称を統一してブランドとしての存在力を高めるとともに、5種類をラインナップすることでこの分野における代表格であることを強調する。利用者に対するサービス向上より、企業としてのアピール向上を狙った合弁であると言えるだろう。

　ダイムラーではこの五つのサービスについて、AからBに移動する際にできるだけ多くのオプションを提供したいと考え、運転することだけでなく乗車することも含まれていると説明しており、マイカーが含まれていることを明らかにしている。

　また五つの合弁新会社は、いずれもダイムラーとBMWの持っていた既存のサービスの統合であり、都市部での展開を主眼に置いていると見ることができる。

　一方ソフトバンクとトヨタが結成したモネ・テクノロジーズは、すでに実証実験を始めた事例を見ても、地方に目を向けていることが分かる。詳細については次の章で解説するが、ゆえに両者は共存が可能であるし、より新鮮に映るのは、これまでMaaSがあまり進出していかなかった地方に目を向けたモネ・テクノロジーズのほうである。

第8章 ルーラル地域とMaaS

アーバンとルーラルの違い

　フィンランドにMaaSの視察で訪れた際、運輸通信省の担当者が強調していたことの一つに、アーバン（都市型）MaaSとルーラル（地方型）MaaSでは求められるものが大きく異なるということがあった。

　ルーラルという言葉は第4章でも登場した。それは直訳すれば農村になるが、本書では意味の通りやすい地方という表現を使うこととした。ここでも以降は都市型MaaS、地方型MaaSと呼ぶ。

　第4章で紹介したように、フィンランドもまた地方の人口減少が深刻になっており、政府では地方政策委員会を組織して活性化を目指すなど、多様な対策を実施している。しかし日本とさほど変わらぬ国土面積に対して人口は日本の約23分の1であり、一方で大ヘルシンキの人口集中率は日本の首都圏に匹敵するというデータからは、地方の過疎状況は我が国以上ではないかと想像できる〔図1〕。

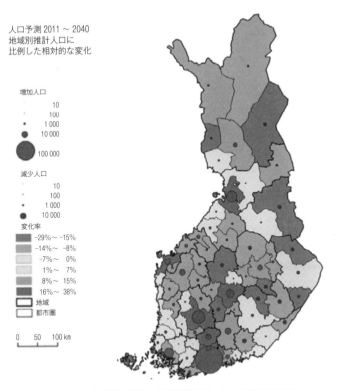

図1：フィンランドの地域構造と人口動態 (提供：国土交通省国土政策局)

　当然ながら鉄道やバスといった既存の公共交通は成立が難しい。タクシーは通院や通学目的であれば税金補助が存在するが、それ以外ではバスに比べて費用がかかる。

　このように、都市とは交通状況が大きく違う地方については、MaaSについても異なる視点が必要と、運輸通信省の担当者は語っていた。

　具体的に言えば、都市型MaaSでは多種多様な交通をシームレスにつなぎ、マイカーに匹敵するドア・ツー・ドアのモビリティ構築が重要であるのに対し、地方型MaaSでは対象が交通貧弱地域であることが多く、都市型MaaSとは逆に単一の交通が子供から高齢者までのあらゆる移動、さらには物流も担う必要があると説明していた〔図2、3〕。

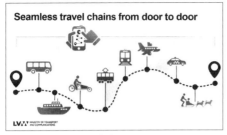
図2：アーバンMaaS概念図（提供：運輸通信省）
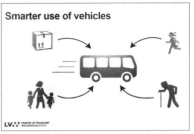
図3：ルーラルMaaS概念図（提供：運輸通信省）

2018秋にフィンランドを訪れた際には、都市型MaaSはヘルシンキで展開しているWhimが理想に近い結果を出しているのに対し、地方型MaaSについてはまだ模索中であるとも述べていた。

しかしながらフィンランドには、いち早く地方型MaaSに取り組む企業が存在する。キューティ（Kyyti）、シトウィセ（Sitowise）、そしてペリッレ（Perille）で、いずれもヘルシンキに本拠を置く。

キューティは2015年にマルチモーダルアプリを立ち上げたトゥープ（Tuup）と、翌年設立されたオンデマンド交通事業者のキューティが統合したもので、オウル、トゥルク、タンペレの各都市で利用することができる。

シトウィセはインフラ、交通、物流、土地利用のエンジニアリングとコンサルティングが本業であり、ミッケリ、サヴォンリンナで展開している。長距離移動に強みを持っているペリッレはコトカでサービスを行っている。

この中でも成長著しいのがキューティである。同社は2017年、アプリケーションにオンデマンドサービスを追加することで高い評価を得た。メニューはエクスプレス、フレックス、スマートがあり、エクスプレスは通常のタクシーとほぼ同じで到達時間が速く、フレックスとスマートは乗り合いのレベルが異なり、スマートがもっとも安価になる〔図4〕。

キューティはヴァンター国際空港とヘルシンキ西フェリーターミナルを結ぶシャトルサービスも提供している。西ターミナルから約2時間で到達するバルト海の対岸エストニアのタリンの運輸局もこのプロジェクトに参

DOWNLOAD
Download the app and register. Write where you want to go and select ride option.

ORDER
Confirm your trip with the credit card. Follow the car in real-time on the map and relax.

TRAVEL
Hop on and enjoy your ride to the destination. Receive receipt to your email address.

CONNECT
Connect your Kyyti ride easily with other mobility services such as trains or buses.

図4：キューティのアプリ（提供：キューティ）

加し、同様のサービス導入を検討している。

　さらにフィンランドでは、通院者、障害者、高齢者、通学者などが税金の補填により安価に移動できるオンデマンド交通が存在しているが、キューティではこれと個人移動者を結び付けるという画期的な取り組みも始めている。

　このうち通学者については、保護者がアプリを使用して予約を行い、移動中の状況をフォローアップできるようになっており、安全性や信頼性についても評価できるものとなっている。

　キューティは企業向けアプリも展開しており、社用車や駐車場、社員のタクシー移動などのコスト削減に効果があることをアピールしている。ウーシカウプンキにある自動車関連会社ヴァルメット・オートモーティブ（Valmet Automotive）の従業員向けには、近郊にあるトゥルク都市圏のオンデマンド交通と公共交通の割引チケット購入を可能にするシステムを提供している。

　国外では第6章で取り上げたスイスのポストバスと共同で、スイス北

部の都市ブルックでキューティのプラットフォームを使い、コリブリ（Kollibri）という名前でオンデマンド交通サービスを開始した。ポストバスではこのコリブリをスイスの他の地域にも拡大しようとしている。

　米国にも進出している。交通分野のソフトウェア開発や都市計画のコンサルティングを行う会社デマンドトランス（DemandTrans）と共同で、オンデマンドサービスを含めた MaaS を「スイッチ」という名称で展開していくと発表した。

　キューティではオンデマンド交通について都市型、郊外型、農村型と分けており、ここまで紹介してきた実例は郊外型に当たる。さらに人口が少ない農村型では、郵便・新聞・食料品・薬品などを同一の乗り物で配達することを挙げており、国の考え方と一致していることが分かる。

フィンランドが主導する地方型 MaaS

　公的機関も動きはじめている。フィンランド国立研究開発基金（SITRA）では、「公民モビリティサービスの並列提供」というテーマで、地方の移動問題を解決するためのプロジェクトを 2018 年 5 月から 2019 年 8 月まで行っている。

　フィンランドの地方のモビリティは、運営コストや環境問題などで深刻な立場に置かれていることを同基金では懸念していた。

　同国の輸送サービスに毎年使用される公的資金は約 10 億ユーロに達している。一方で温室効果ガス排出量の約 5 分の 1 が運輸分野で発生しており、その 90 ％以上は道路交通によるものだという。ヘルシンキなどの都市部とは違う意味で自動車台数を減らす必要に迫られている。これは他の多くの国でも課題となっていることだ。

　人口密度の低い都市間や都市と集落の間で人口密集地から人口密集地まで、そしてそれらの間を移動するために、マイカーに代わる魅力的かつ簡単な移動手段が必要ということからこのプロジェクトが生まれ、モビリテ

ィサービスに関するさまざまな方法を試すことになっている。第3章で紹介した運輸サービス法とMaaSの登場、公民組織のコラボレーション、地方政府の改革によって可能になったという。

このプロジェクトは、2018年前半に同基金が企画した地域モビリティに関するプロジェクトへの資金提供要請の結果立ち上がった。ワークショップの段階で選ばれた事業者との討議で具体化し、2018～2022年の運輸分野のための国家成長プログラムの一部となった。

公共交通とタクシー、オンデマンド交通サービスを組み合わせ、利用者が運賃と公的機関による助成を組み合わせながら、スマートフォンのアプリなどから注文して支払うことを可能とすることで、サービスを柔軟とし、需要を掘り起こすことを狙っている。

このプロジェクトでは、三つの実証実験地域の課題と要求に基づいて設定されたテーマに対し、4事業者が公的機関の協力を受け、デジタルプラットフォームの構築に取り組む。APIに基づくプラットフォームを構築する予定となっているので、他の都市や国外でも導入が可能だという。実験が行われる地域は、南サヴォ、ウーシマー東部、ピルカンマーとなっている。

南サヴォでは福祉および社会サービスのためにタクシーやライドシェアなどの輸送サービスを組み合わせ、利用者が運賃を支払う形での交通を実験する予定。ウーシマー東部では公共交通の幹線ルートに沿ったオンデマンド交通の実験を行い、既存の交通との融合を目指している。

そしてピルカンマーでは、発展を続ける都市タンペレと人口の少ない郊外の間の地域の移動ニーズに対する解決策として、既存の交通を整理統合し、公的助成を受けたうえで新しいサービスを提供していく。2030年までに公共交通やタクシー、ライドシェアなどの提供が計画されており、単一組織が運営を司る予定という。

プロジェクトに参加している企業は、先に紹介したキューティとシトウィセの他、インフォトリプラ（Infotripla）、ヴィンカ（Vinka）となっている。

4社が共同開発したプラットフォームを実験地域に提供する形になっている。

インフォトリプラは交通や地域の情報システム、ヴィンカは商用車両管理、交通統合と経路探索のシステムを担当。キューティは利用者向けインターフェースとオンデマンド車両のシステム、運賃設定システムを請け負い、シトウィセは予約センターで使用するブラウザ、タクシーやライドシェアの管理システムとコールセンターサービスを引き受けている。

第4章で紹介したフィンランド国立技術研究センターもこのプロジェクトに関与しており、実証実験の影響や評価を行い、自治体や企業に情報を提供する役目を負っている。

ニュータウンの足をどうするか

地方の過疎地域とは状況が異なるものの、やはり交通に課題を抱えている地域としてニュータウンがある。フィンランドではこのような地域の話は聞かなかったので、日本の例を挙げていくことにする。

ニュータウンは高度経済成長時代の1960年代に開発が始まり、1970年代に掛けて全国各地に出現した。同じ時期には日本住宅公団（現在のUR都市機構）が建設した団地、鉄道会社が開発した田園都市なども数多く出現した。

しかしこうした住宅地は、1960〜70年代に当時のヤングファミリーが住みはじめ、そのまま暮らし続けているという例が多い。その結果、近年は高齢化が目立つようになっている。しかも短期間に開発が行われ、多くの住民がいっしょに居住を始めたために、年齢層の広がりがない。つまり若い人が高齢者を助けるような状況が生まれにくい。

加えて当時の都市計画のトレンドを反映しているので、自動車交通が主役で、交通事故減少の観点から歩車分離が徹底しており、歩行者を地上より高い場所で移動させる方式が多用された。一方でまだエレベーターは完備されておらず、団地であれば4〜5階まで階段で行き来するのが一般的

だった。

　ニュータウンが建設されたのは主として郊外であり、丘陵地を開拓して建設した場所も多かった。上記のような交通計画もあり、上下移動の多い街となっている場所が多い。

　この状況の中でマイカーが普及したために、多くの住民は自動車に頼る生活を送るようになった。しかし高齢化が進み、一部の住民が運転免許証を返納する年齢に達したことで、日々の移動に苦労を伴う都市構造に気づきつつある。

　名古屋市の隣、愛知県春日井市にある高蔵寺ニュータウンもその一つである。高蔵寺ニュータウンは日本住宅公団が初めて手掛けたニュータウンで、今から約50年前に入居が始まった。東京都の多摩ニュータウン、大阪府の千里ニュータウンと並ぶ、日本における大規模ニュータウンの先駆けである。

　高蔵寺ニュータウンはJR東海（東海旅客鉄道）中央本線、愛知環状鉄道が乗り入れる高蔵寺駅が最寄り駅だが、多摩や千里のように駅周辺にニュータウンが広がっているわけではない。駅から中心部までは2km以上あり、上り坂が続く。つまりアクセスはバスがメインになる。ただしバス停がニュータウンより一段下にある場合も多く、降りると階段やスロープを使うことになる。バス停間の距離も長めである〔図5〕。

　ニュータウン内には循環バスが走っており、こちらは停留所をきめ細かく設定していたものの、駅へ行くには路線バスに乗り換えなければならない。

　かつては名古屋鉄道小牧駅と桃花台ニュータウンを結ぶ、いわゆる新交通システムの桃花台新交通ピーチラインが、高蔵寺ニュータウンを経由して高蔵寺駅に伸びる計画があったようだが、2006年にピーチラインそのものが利用者低迷で廃止された。

　ニュータウン内は大通りをまたぐように歩道橋が整備してあり、歩車分離がなされているので安全ではあるものの、端から端まで約4kmと広いことや、バスが上記のような状況ということもあり、多くの住民はマイカ

ーで移動しているようだった。ただし高齢化率は春日井市全体の数字を上回っており、高齢ドライバーによる事故も懸念される。

春日井市によると、2005年10月1日は人口4万6911人、高齢化率15.3％だったのに対し、2018年10月

図5：高蔵寺ニュータウン

1日は人口4万2958人、高齢化率34.5％となっている。

同じ日時での春日井市全体の人口と高齢化率は、2005年10月1日が29万5802人で16.23％、2018年10月1日が31万1784人で25.44％となっている。市全体では人口が増えているのに対し、高蔵寺ニュータウンは減少しており、高齢化率は2005年では市平均を下回っていたものの、2019年では大きく上回っている。

こうした状況を受けて2017年11月に、春日井市とトヨタ自動車は、歩道を使った歩行支援モビリティシェアリングサービスの実証実験を行い、翌年2〜3月には自動運転システムを用いたオンデマンド交通や電動カートについても実証実験を展開した。

さらに2019年1〜2月には、春日井市、名古屋大学、厚生労働省東海北陸厚生局3者の連携により高齢者などの交通弱者を主な対象者とした相乗りタクシーとボランティア輸送の実証実験を実施し、タクシー配車アプリと事前配布したデポジットによる決済を行った。

実験後の住民の声では「高蔵寺ニュータウンの坂が多いという地形上、引っ越そうと思うこともあるが、このような多様な移動手段の実現は高蔵寺ニュータウンに長く定住する一つのきっかけになると思う」など、今後

への期待の声が寄せられた。

　これらのサービスをアプリにより連携させ、スマートフォンを活用した位置情報や遠隔操作を組み合わせれば、高齢者向けのサービスとして有効になる。

　高蔵寺駅から名古屋駅まではJRで30分と都心へのアクセスは優れる。最近は団地をリノベーションする若者が目立っており、高蔵寺ニュータウンでも実例が見られるが、彼らは自動車の所有にあまりこだわらない。高蔵寺ニュータウンの取り組みは若者にとっても価値がある。

東急とソフトバンクの地域移動対策

　鉄道会社が開発した田園都市と呼ばれる地域でも動きが始まっている。東急電鉄田園都市線たまプラーザ駅北側に広がる横浜市青葉区美しが丘1～3丁目は、東急が多摩田園都市として約60年前に開発した新興住宅地で、バブル景気が始まろうという頃、テレビドラマ「金曜日の妻たちへ」の舞台となって注目を浴びた地域である。

　ここでも人口減少と高齢化が危惧されている。東急沿線では2035年をピークに人口が減少していく見込みで、生産年齢人口の減少と高齢化の進行が予想されている。横浜市青葉区の統計では、生産年齢人口比率はすでに2010年から減少しており、高齢者人口比率は逆に上昇を続けている。

　そこで2012年、横浜市と東急は「次世代郊外まちづくり」の推進に関する包括協定を締結した。上記のような課題を住民、行政、大学、民間事業者の連携や協働によって解決していくプロジェクトで、第1号モデル地区として選定されたのが美しが丘1～3丁目だった。

　こちらも高蔵寺ニュータウン同様、丘陵地に開発されており、坂道が多い。美しが丘1・2丁目が駅に隣接しているところは高蔵寺とは異なるが、駅の近くは集合住宅が中心であり、2・3丁目の1戸建てが多い地域はバス停まで坂道を上り下りする場所が多い。しかも商業施設は駅前に集中し

ており、歩いて買い物に行ける場所は少ない。

そこで東急では郊外型MaaSと銘打ち、東京都市大学や未来シェアの協力を得て、この地域に4種類のモビリティを導入する実証実験を2019年1〜3月に行った。ハイグレード通勤バス、AIオンデマンドバス、パーソナルモビリティ、カーシェアの4種類を用意し、約200人強の実験参加者を公募した。

いずれも他の地域で実験を行っている同名のモビリティと似ており、ス

図6：たまプラーザ実証実験のAIオンデマンドバス

図7：たまプラーザ実証実験の超小型モビリティ

マートフォンで利用予約や希望時刻などの入力を行い、AIオンデマンドバスの場合は17ヶ所の乗降場、パーソナルモビリティは次世代郊外まちづくりの情報発信の場であるWISE Living Lab（ワイズ・リビング・ラボ）という施設を拠点に利用する。終了後は結果を分析し、今後の事業展開を検討するという〔図6、7〕。

複数のモビリティをシームレスにつなぎ合わせる都市型MaaSとは異なり、ICTを活用することでマイカーに頼らなくても便利で快適な移動を提供するという目標は、フィンランドのMaaSプロジェクトに近い。鉄道とも連携してターミナルまでシームレスに行けるサービスも用意されれば、高齢者だけでなく若者にとっても住みたくなる街になる。

図8：モネと地方自治体の関係（提供：トヨタ自動車）

　一方前章で紹介したソフトバンクとトヨタ自動車の合弁会社モネ・テクノロジーズは、2019年2月の事業開始直後に、次世代型オンデマンドモビリティサービスの提供に向けて国内の17自治体と連携した。

　具体的には北海道安平町、秋田県仙北市、神奈川県横浜市および鎌倉市、石川県加賀市、長野県伊那市、岐阜県岐阜市、静岡県藤枝市、愛知県名古屋市および豊田市、滋賀県大津市、兵庫県川西市、広島県福山市、府中市および東広島市、福岡県嘉麻市、熊本県菊池市となっている。

　人口100万人を超える横浜市や名古屋市が名を連ねている一方で、7市町は人口10万人以下であり、地方にも目を向けている会社であることが分かる〔図8〕。

　同社では事業開始年度である2019年3月までに愛知県豊田市と神奈川県横浜市でオンデマンドバス、広島県福山市で乗合タクシーの実証実験を始めているなど、動きの早さを印象付けている。

　横浜市の舞台は港から遠く離れた旭区若葉台で、ここには約6700世帯、約1万4000人が暮らす大規模な団地がある。前に紹介したニュータウンに近い地域である。ここでも近年は高齢化が進んでおり、状況に見合った移動手段が検討されてきた。その一環として同社の配車プラットフォーム

を活用したオンデマンドバスの実証実験を実施した。

横浜市とソフトバンクは2019年1月、ICTを活用した地域移動の充実に関する取り組みについて包括連携協定を締結しており、モネ・テクノロジーズがその取り組みを引き継いだ。住民にモニターとして参加してもらい、スマートフォンのアプリから行き先や日時などを指定して予約することで、オンデマンドバスを利用できるサービスを検証した。

乗降場所は、参加者自身が設定した自宅などの場所に加え、団地を管理する若葉台まちづくりセンターが運営するコミュニティバス「わかば号」のバス停を指定することもできた。

豊田市や福山市とはモネ・テクノロジーズが業務連携協定を結んでいる。いずれも人口50万人近い都市だが、実証実験を行っているのは豊田市が2005年の合併前は小原村だった小原地区、福山市は北部の服部小学校を中心とした服部学区で、いずれも高齢化や過疎化が課題となっている。

豊田市小原地区では2009年4月から運行するオンデマンドバス「おばら桜バス」について、従来からの電話に加え同社のプラットフォームを用いたスマートフォンのアプリで予約ができるようになった。今後は押すだけで予約ができるボタン型デバイスや、スマートスピーカー搭載デバイスによる音声予約も検証するという。

福山市は、自動運転を見据えた次世代運行サービスを通じて地域課題を解決し、新たなまちづくりや地域活性化のための取り組みを連携させることで住民サービスの向上に役立てたいとしており、第一弾として2019年3月から5月まで服部学区を対象に乗合タクシー運行の実証実験を実施し、通院や買い物などの移動に活用してもらうことで、効率的な運行方法や利便性を検証した。

横浜市、豊田市、福山市の事例のいずれも、中心市街地から離れた交通の不便な場所での展開であり、モネ・テクノロジーズが地方の移動に注力していることが伝わってくる。

貨客混載活用への期待

本章の最初で紹介したように、フィンランド運輸通信省では、都市型 MaaS は複数の交通をシームレスにつなぎ合わせることがポイントなのに対し、地方型 MaaS では多様な移動や物流を単一の交通で賄うことが重要としていた。

似たような取り組みはすでに日本で始まっている。貨客混載である。2015年、みちのりホールディングス傘下の岩手県北バスとヤマト運輸による「ヒトものバス」が最初である。

その後鉄道では JR 北海道や北越急行、バスでは十勝交通や宮崎交通などに波及し、タクシー会社でも物流を担う事業者が誕生している。このうち宮崎交通では日本郵便とヤマト運輸が共同で荷物の輸送を行っており、異なる物流事業者の混載も実現している。

図9：岩手県北バスのアプリ画像

こうした状況を MaaS によりシームレスに1台につなげる仕組みを確立すれば、国内外に向けての地方型 MaaS の提案になるだろう。

すでにみちのりホールディングスと岩手県北バスは、アプリ開発のエムティーアイと共同で、宮城県の仙台空港発着二次交通利用拡大事業委託業務と連携し、バスで利用可能な MaaS アプリ「岩手県北バス by すぐのれ～る」を2019年12月にリリースし、岩手県北バスが運行する仙台空港～松島・平泉・花巻線で無料提供を開始している〔図9〕。

このアプリではバスの検索から予約・支払・発券までを行うことが可能で、沿線の観光施設の紹介およびクーポン発行などの機能をスマートフォン一つにまとめた。日本語の他英語、韓国語、中国語繁体字・簡体字に対応しており、海外からの旅行者にも対応している。

　みちのりホールディングスは岩手県北バス以外に福島交通、会津バス、関東自動車、茨城交通、日立電鉄交通サービス、湘南モノレールも傘下に収めている。今後はクーポン提供店舗拡大や事前購入機能強化をさらに進め、地域経済活性化にも貢献したいとしている。また展開路線でサービス機能の検証や利便性の改善を行い、みちのりホールディングス各路線への展開を予定しているという。

　みちのりホールディングスの各事業者は地域輸送も担っている。今回導入した観光型 MaaS での知見を生かし、地方型 MaaS への適用を進めたうえで、物流事業者のプラットフォームとの連結が可能となり、過疎地に住む人々が自分の移動も荷物の配送も同一のアプリで可能になれば便利になるだろう。

無人運転 + MaaS が最終到達点

　地方の公共交通の多くが経営面で厳しい立場に置かれていることは多くの方がご存知だろう。理想は第 1 章で記したように、公共交通は税金や補助金主体で支えるという欧米流の手法を導入すべきであるが、仮にこの制度が日本で一般的になったとしても、運賃収入は経営面で重要である。地方に MaaS を導入することで鉄道やバスの利用率が上がれば、公共交通維持にとってプラスになる。

　ただし鉄道やバスの減便や廃止には、それ以外の理由もある。運転士不足である。特に人口減少と少子高齢化が進む我が国では問題となっている。しかも地方に限った話ではなく、東京 23 区内でも影響が現れはじめている。筆者がよく使う京王電鉄バスが 2019 年 2 月のダイヤ改正で、路線の

減便や運行終了を行ったことは序章で書いた。

この問題の解決には、自動運転が有効である。理想を言えば新交通システムのような無人運転だが、乗務員が乗るパターンであっても、運転操作をAIに任せることができれば負担がかなり軽減されるし、現在バスやタクシーの運転に必要な二種免許よりハードルの低いライセンスでも良いという議論も出てこよう。

図10：ヘルシンキでの自動運転実験（提供：ヘルシンキ市）

フィンランドはこの面でも先進的な国の一つである。同国では公道での自動運転を許可しており、自動運転に運転手は不要という、欧州では異例のルールが存在することが大きい。

EU助成型研究開発フレームワークプログラムとして2012〜2016年に実施したシティモビル2（CityMobil2）にはHSL、ヴァンター市などが参加。2015年夏にヴァンターで無人運転小型電動バスを使った実証実験を実施し、1kmの区間を往復しており、合計1.9万人を輸送するという実績を残している。

その後も2016年には、シティモビル2でも使われた無人運転小型電動バスを用いたSohjoaプロジェクトで、ヘルシンキ市などの公道で試験走行を開始している〔図10〕。一方センシブル4（Sensible4）は2018年、無印良品で知られる良品計画からデザイン提供を受けた全天候型自動運転バスを発表し、2020年の実用化を目指すと発表している〔図11〕。

このバスは公共交通やシェアリングでの運行を想定しており、利用者はスマートフォンのアプリによって車両位置を確認し、到着後乗り込む形となる。利用者のリクエストに応じて最適なルートを選択しながら走る、効

図11：無印良品がデザインを担当した全天候型自動運転バス
(提供：良品計画)

図12：全天候型自動運転バスの活用シーン (提供：良品計画)

率的な運用も可能としている。さらに既存の公共交通ともシームレスにつながるとのことで、MaaSとしての環境を前提としていることが分かる〔図12〕。

　国内ではモネ・テクノロジーズを設立したソフトバンクがこの分野に積極的である。同社は自動運転技術を研究・開発する東京大学発ベンチャー企業、先進モビリティと合弁で2016年4月にSBドライブを設立したが、

第8章　ルーラル地域とMaaS　│　159

こちらも日々の移動に困っている人を助けたいという気持ちからバスの自動化に注力している。

SBドライブは国産ディーゼルエンジン小型バスの改造車やシティモビル2で使われた無人運転小型電動バスを用い、沖縄県南城市や北海道上士幌町、鳥取県八頭町などで実証実験を行っている。モネ・テクノロジーズともども地方に焦点を絞った活動が目立つ。

グリーンスローモビリティにも注目したい。2018年6月に国土交通省が提案したカテゴリーで、従来は低速電動車などと呼ばれていた、最高速度20km/h未満の電気自動車を使う公共交通のことである。

国交省ではこのグリーンスローモビリティが、地域が抱えるさまざまな交通の課題解決と地域での低炭素型モビリティの導入推進を同時になし得ることから、2018年度から各地で実証実験を始めた。

このうち広島県福山市では、実証実験期間中に乗車した住民の7割が導入を希望したなどの結果を踏まえ、地元のタクシー会社が2019年4月から全国初の有償事業を開始している。

車両としてはゴルフ場などでも使用している電動カートと低速電動バスが該当する。このうち石川県輪島市で輪島商工会議所が主体となって地域輸送や観光輸送を行っている電動カートでは、2016年から一部自動運転による移動サービスを実施しており、低速電動バスも自動運転の実証実験を始めている〔図13、14〕。

首相官邸が毎年発表している官民ITS構想・ロードマップの2018年版では、限定地域における無人運転移動サービスを2020年までに市場化・サービス実現期待としている。自動運転は自家用車よりも公共交通、特に交通量が少なく運行経路が限られる地方交通で導入しやすいという意見が多くなっており、筆者も同感である。

ではなぜ自動運転とMaaSを結びつけたのか。運転士がいない無人運転車では、乗務員に行き先を聞いたり、両替を依頼したりという行為はできなくなる。MaaSによる事前の経路探索や運賃決済が必須になってくる

図13：輪島市のグリーンスローモビリティ電動カート

図14：グリーンスローモビリティの電動小型バス

からである。逆に言えば、MaaS の導入によって自動運転による移動サービスを自然に使うことができるようになる。

　さらに MaaS はグリーンスローモビリティのようなシンプルな成り立ちの車両にも、最新のテクノロジーを与えることが可能になる。車両のコストを抑えつつ、高水準の利便性や快適性を利用者にもたらすことが可能となる。

　このように財政面で厳しい状況に置かれている地方の公共交通にとっては、MaaS によって公共交通の魅力を引き上げることが可能になる。

第9章
日本でのMaaSの取り組み

国土交通省の対応

　我が国でMaaSの話題を取り上げる機会が多くなった2018年から、日本政府でもMaaSについての取り組みが目立つようになってきた。とりわけ国土交通省と経済産業省で議論や研究が盛んになっている。

　国土交通省では、MaaSなどの新たなモビリティサービスの活用で都市や地方が抱える交通サービスの課題解決を目指し、日本版MaaSの将来像や今後の取り組みの方向性などを検討するため、「都市と地方の新たなモビリティサービス懇談会」を2018年10月から翌年3月まで8回開催。MaaSを含む新たなモビリティサービスの推進のための取り組みなどについて「中間とりまとめ」を公表した。

　「とりまとめ」ではまず、「我が国の交通分野の現状と課題」として、都市部の公共交通は世界トップレベルのサービス水準である一方、バスの運転士不足による運行本数の削減、道路渋滞による経済的損失や環境問題の

発生、駐車場や自転車走行空間の確保などが課題としている。

　地方部では自動車移動が多いうえに、少子高齢化の進展により、公共交通サービスの縮小や撤退が顕在化し、移動そのものの減少も見られ、物流についてもサービスの維持確保が課題となっていることや、高齢者の運転免許返納数が近年大幅に増加しており、返納後の移動手段の確保に不安を感じる高齢者が多いことを挙げていた。

　その後欧州での公共交通への移行促進策として MaaS が紹介され、GAFA をはじめとする ICT 企業などの動向にも触れている。我が国でも MaaS のほか、バスやタクシー、トラックなどで AI や自動運転技術の実証実験が始まっていることを紹介している。

　ちなみに国交省では新しいモビリティサービスとして MaaS の他、カーシェアや自転車シェア、オンデマンド交通、超小型モビリティ、グリーンスローモビリティなどを「新型輸送サービス」として取り上げている。これらの自動運転が実現すれば、特に地方部において高齢者などの有効な移動手段や物流手段として期待されるとしている。

　これらのモビリティサービスを豊かな生活の実現につなげるためには、導入自体を目的とするのではなく、地域の交通施策やまちづくり施策において課題を明確に設定し、課題対応としての一つの方策として取り組むことや、そのための支援が必要と記している。

　続いて日本版 MaaS という概念を打ち出している。我が国は多くの交通サービスが民間主体であり、事業者間の調整が必要である一方、多くの民間交通事業者が沿線のまちづくりや商業・観光など総合的なサービスを展開しており、移動との連携を積極的に活用した我が国ならではの MaaS 展開に期待を寄せている。

　ここでは多様な MaaS が相互に連携した「ユニバーサル MaaS」、移動と他のサービスの連携による「高付加価値な MaaS」、「交通結節点の整備等まちづくりと連携した MaaS」が重要として挙げている〔図1〕。

　方向性としては、まず地域横断的な取り組みとして、MaaS オペレータ

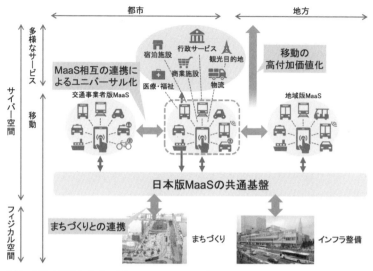

図1：国土交通省による日本版MaaSのイメージ （提供：国土交通省）

一同士やMaaSと交通事業者間のデータ連携の推進、データ形式の標準化、API仕様の標準化・設定の必要性、データプラットフォームの実現、災害時の情報提供等データの公益的利用が重要としている。

次に運賃・料金の柔軟化やキャッシュレス化では、事前確定運賃、定額制サービス、需要に応じて運賃や料金を変動させるダイナミックプライシング、旅行業法を適用するなど現時点におけるMaaSに関する法制上の整理、MaaSの展開を見据えた制度のあり方の検討、決済について議論が必要と記している。

まちづくり・インフラ整備との連携では、都市・交通政策との整合化、交通結節点の整備、新型輸送サービスに対応した走行空間の整備、まちづくり計画への移動データの活用を重視している。さらに前述した新型輸送サービスの推進も取り上げており、競争政策の見直し、人材育成、国際協調も項目として掲げている。

地域特性ごとの取り組みとしては、「大都市型」「大都市近郊型」「地方都市型」「地方郊外・過疎地型」「観光地型」という五つの地域類型を設定

している。

　大都市型は、高齢者や障害者、訪日外国人を含めたすべての人にとっての移動利便性の向上、日常的な混雑の緩和を目的としており、課題としては多様な事業者間のデータ連携の実現、持続可能な社会を目指す都市・交通政策との整合化を挙げている。

　大都市近郊型では、ファースト/ラストマイルサービスの充実、および悪天候やイベントなど特定条件下での局所的な混雑の解消が目的で、課題としてはやはり、持続可能な社会を目指す都市・交通政策との整合化に触れている。

　地方都市型が目指すのは、地域活性化に向けた生活交通の利便性向上と域内回遊性向上であり、持続可能な社会を目指す都市・交通政策との整合化、交通事業者同士の連携・協働を課題と定めている。

　地方郊外・過疎地型の導入目的は生活交通の確保・維持および交通空白地における交通網・物流網の確保としており、課題としては住民視点での持続可能なサービスの実現、持続可能な社会を目指す都市・交通政策との整合化となっている。

　そして観光地型は、観光客の回遊性の向上と訪日外国人の観光体験の拡大・向上を目的に掲げており、課題としては事業者間の持続的な連携・協働、各地域のMaaSの相互運用性の実現を挙げている。

　二つ以上の型が重複して当てはまる地域はもちろんあるだろうし、型にはめないで臨機応変な運用を心がけたほうが良いという意見もあるだろう。ただし我が国におけるMaaSの議論は始まったばかりであり、情報が錯綜気味である現状を踏まえれば、分かりやすい方向性を示したものとして評価できる。

経済産業省の対応と両省合同プロジェクト

　経済産業省では、IoTやAIの活用によって提供が可能となる新しいモ

ビリティサービスを「広義のMaaS」と位置づけ、この分野を活性化させていくことが経済成長や産業高度化の観点から重要であるとの意識から、2018年6月から「IoTやAIが可能とする新しいモビリティサービスに関する研究会」を開催し、有識者や企業との情報交換、意見交換などを進め、現状と課題の整理や今後の取り組みの方向性などについて検討を重ねてきた。2018年10月に中間整理を行っている。

広義のMaaSの代表例としては自動運転技術を用いた無人配車サービスを挙げており、研究会では高度自動運転技術の実用前段階において、現時点でも提供可能なサービスを検討の対象としている。

ちなみに中間整理では「狭義のMaaS」についての言及もあり、複数の交通を統合し、一元的に検索・予約・決済が可能なマルチモーダルサービスとしている。代表例として本書でも解説したフィンランドのWhimを取り上げている。

中間整理ではまず世界の動向を紹介しており、マルチモーダルサービス以外に、オンデマンドサービス、貨客混載、カーシェア、ライドシェア、無人配送サービスなどをリストアップしている。

これらは既存の交通事業者にICT企業、自動車産業、自治体などが加わる形で進んでおり、その中でスタートアップ企業が存在感を発揮していることや、国家や都市レベルの戦略と考え、ICTを活用して都市全体のモビリティ最適化を目指す、いわゆるスマートシティに関する動きがあることも近年の特徴として挙げている。

また移動する人や物、車両などから得られる膨大なデータを利用することで、利用者には移動時間・費用の最小化や選択肢の多様化、サービス供給者には稼働率の最大化という価値を提供するだけでなく、飲食業や旅行業などと連携することで、幅広い分野を活性化する可能性があることにも触れている。

一方日本では、人口減少局面にあって地方を中心に公共交通サービスの維持が困難になっている実態があり、新しいモビリティサービスが移動弱

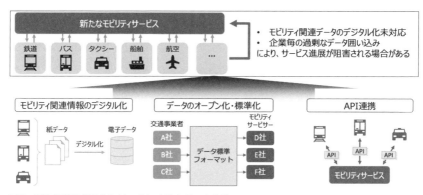

図2:経済産業省が考えるMaaSに向けたデータ交流（提供：経済産業省）

者などの課題を解決し、都市や地方の価値向上につながると指摘している。

しかし海外と比較すると、ビジネス実態面ではモビリティ関連データのデジタル化の遅れ、データ連携を阻む事業者間の垣根、異業種との連携不足などの課題があるとしている。また制度面では、新しいモビリティサービスに対する法令の適用関係や制約条件が分かりにくいという課題を記している。

新しいモビリティサービス活性化に向けた取り組みの方向性としては、事業者のデジタル部門への投資促進とデータのオープン化や標準化、APIの連携などに取り組むこと、スタートアップや異業種などとの協業を促進すること、地域の課題解決と価値向上に意欲的に取り組む自治体に積極的なソリューション提供をしていくことを挙げている〔図2〕。

同時にデータ利活用の促進と個人情報保護の両立、いわゆるクルマ社会を前提としてきた地方や都市のリデザイン、未来のモビリティ社会における自動車産業としての競争優位性の獲得についても考えていくべきだとしている。

広義のMaaSという表現によって範囲の拡大を図ることは、MaaSの概念を希釈する恐れがあり、取り扱いに注意したい。一方で課題として挙げたデータのデジタル化の遅れ、データ連携を阻む事業者間の垣根、異業

種との連携不足などの項目は納得できる内容であり、業界内外の連携強化が重要であると教えられる。

このように当初は両省が独自に懇談会および研究会を開催してきたが、2019年4月には新たなモビリティサービスの社会実装を通じた移動課題の解決及び地域活性化を目指し、両省が合同で新プロジェクト「スマートモビリティチャレンジ」を開始すると発表した。

具体的には両省で、将来の自動運転社会の実現を見据え、IoTやAIを活用した新たなモビリティサービスの社会実装を通じて移動課題の解決を図り、地域活性化に挑戦する地域や企業を応援する新プロジェクト「スマートモビリティチャレンジ」を開始。地域ごとにシンポジウムを開催するなど、地域や企業等の取り組みに関する情報共有を促進し、ネットワーキングを進めるという。2019年4月時点で34組織が参加予定となっている。

経済産業省では先駆的な取り組みに挑戦する「パイロット地域」に対して、事業計画策定や効果分析などの支援を実施することで、地域と企業の協働による意欲的な挑戦を促したいとしており、この取り組みを通じて優秀事例の抽出や横断的課題の整理などを進め、新モビリティサービスの普及拡大を推進していきたいとしている。

一方の国土交通省ではこの「スマートモビリティチャレンジ」と連携し、「新モビリティサービス推進事業」（2019年度新規事業）を実施する。MaaSをはじめとする全国各地の新たなモビリティサービスの実証実験を支援し、地域の交通サービスの課題解決に向けたモデル構築を行っていきたいとしている。

両省は同年6月、このスマートモビリティチャレンジの支援対象として、合計28の地域・事業を選定した。経産省が採択したパイロット地域分析事業が13、国交省が採択した新モビリティサービス推進事業が19で、うち四つは両省採択事業となる。省庁の枠を超えたプロジェクトを、MaaS関連で両省が動き始めてからわずか1年後に形にしたことは注目に値する。

八戸市のバス改革

　フィンランドの例を読んでいただいた方であればお分かりのように、MaaS導入には国の舵取りとともに、自治体の交通改革に対する積極的な姿勢も重要になる。MaaSもまた他の都市あるいは地方交通政策同様、それ自体を目的とはせず、まちづくりのための手段の一つとして導入されることが大事である。

　本書執筆時点で、実証実験ではなくサービスという形でMaaSを展開している地方都市は国内にはない。しかしデジタル技術の導入はないものの、自治体の主導で既存の交通をシームレスにつなぎ、利便性を高めようという取り組みはいくつか見られる。その一つとして、まず青森県八戸市を紹介する。

　青森県南東部、太平洋に面した八戸市の人口は約23万人（2019年2月現在）と、県庁所在地である青森市の約28万人（同年4月現在）に匹敵する規模を誇る。ちなみに2009年当時の人口は約24万人であり、微減となっている。当時の八戸町と周辺町村の合併により八戸市が生まれたのは1929年と早く、その後も周辺町村を編入して現在に至る。

　市を代表する駅が中心街にないことも八戸市の特徴である。JR東日本東北新幹線・八戸線および第3セクターの青い森鉄道が発着する八戸駅は中心街から6kmほど離れており、最寄り駅は中心街北端にある八戸線本八戸駅になる。

　といっても一部の新幹線駅のように、八戸駅が最近開設されたわけではなく、合併前の長苗代村に1891年、所在地の名前を取って尻内駅として開業した。本八戸駅の開業は3年後で、1971年に両駅とも現在の駅名に変更している。

　八戸市が改革を始めたきっかけは、2007年に施行された「地域公共交通の活性化及び再生に関する法律」だった。八戸市地域公共交通会議が設置され、地域交通が専門の大学教授をアドバイザーに迎えて協議を進めた

図3：八戸駅前バス乗り場

結果、2年後に「八戸市地域公共交通総合連携計画」が作成され、2010年以降実施に移された。

八戸市には八戸市交通部の市営バス、みちのりホールディングス傘下の岩手県北自動車が走らせる南部バス、十和田観光電鉄の十鉄バスが運行している。しかし以前は各事業者が独自にバスを走らせていたので、メインルートとなる八戸駅と中心街の間は本数が多すぎ、需要があるのに収益が悪いことが問題となっていた。

こうした状況は八戸市に限った話ではなく、他の日本の地方都市にも見られる。

そこで八戸駅〜中心部は共同運行路線として10分ごとのダイヤを作成。また中心街を起点として方面別にアルファベットを系統番号の頭に付けた。アルファベットは欧州の都市交通を参考にしたとのことで、市民病院方面はS、旭ヶ丘方面はAなどとなっている。バスマップは系統別に色分けがなされ、線の太さで運行頻度を示している〔図3、4〕。

加えて運賃を50円刻みとした。端数は切り捨てとしたので、事業者にとっては減収になるが、利用者にとっての分かりやすさを優先した。

さらに中心街は方向別にバス停を五つにまとめターミナルとしている。ターミナルといってもビルがあるわけではなく、中心街の通りのバス停5

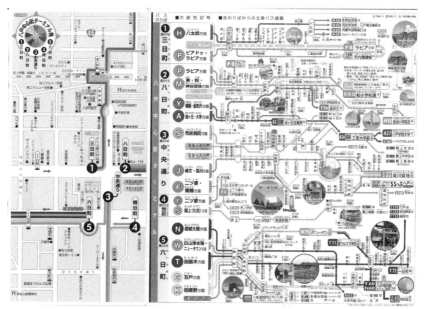

図4：八戸バスターミナルと路線図 (提供：八戸市)

ヶ所を総称したものであるが、鉄道の駅名標をヒントにしたという大きく見やすい情報板のおかげもあって、すぐに使いこなすことができた〔図5〕。

　待合場所はバス停脇の商業施設などの協力を得て、軒先を使わせてもらっている。商業施設にとっても、バス待ちの時間に買い物などをしてくれるというメリットがある。

　前述したように八戸駅と中心部の間にはJR八戸線も走っているが、10分間隔で走るバスの所要時間が25分なのに対し、昼間は1時間に1本の鉄道は9分で結んでおり、両者は競合することなく棲み分けができている。それを裏付けるように、八戸線の車両は2年前に投入されたばかりの新型で、安定した需要があることが想像できた。

　バスの乗車率は高く、平日の昼間でありながら座席がほぼ埋まっていた。地方の路線バスとしては異例である。中心部を歩く人の数も、良い意味で日本の地方都市とは思えないほどで、商店や飲食店は営業しており、複合

施設の「八戸ポータルミュージアムはっち」や「八戸まちなか広場マチニワ」は市民の憩いの場所として活用されていた。公共交通活性化によるまちづくりの成功例の一つと言える〔図6〕。

MaaSという観点で気になる点を挙げるなら、バスも鉄道も現金対応だけであり、ICカードやアプリなどが使えないことである。ただしアドバイザーを務める教授は、フィンランドをはじめ国内外の交通事情に精通しているので、ここまでの交通改革を実現した経験と実力が同市にはあり、早々にデジタル化が推進される期待はある。

図5：八戸中心街バスターミナル

図6：八戸まちなか広場マチニワ

京丹後市の複合交通政策

続いて取り上げるのは京都府の最北端に位置する京丹後市である。2004年に網野町、大宮町、久美浜町、丹後町、峰山町、弥栄町が合併して生まれた。合併直前は約6.5万人だった人口は2018年には5.5万人に減少しており、多くの日本の地方都市同様、過疎化と高齢化が問題となっている。

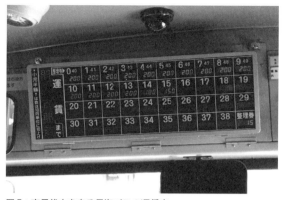

図7：京丹後市を走る丹海バスの運賃表

交通も影響を受けており、第3セクターの北近畿タンゴ鉄道の運行部分の経営権を、高速バス運行などで知られるWILLER（ウィラー／以降WILLERと表記）グループに委譲し、2015年に新会社WILLER TRAINS（ウィラー・トレインズ）による京都丹後鉄道の運行が始まった。

またタクシーは旧網野町、久美浜町、丹後町から撤退し（前2町はその後復帰）、2018年には弥栄町のタクシー事業者が廃業した。

路線バスもまた利用者減少に悩んでいた。理由の一つに運賃があった。多くの地方同様、京丹後市と隣接する宮津市、与謝野町、伊根町を走る丹後海陸交通の丹海バスは距離制運賃を採用しており、最大で1150円にもなっていた。加えて一家に平均で約2台はマイカーがあり、高校生はマイカーでの送迎が多くなり、高齢者はマイカーでの移動を続けた。

しかし前者は家庭の負担が増え、後者は運転免許を返納する高齢者も多く、公共交通で移動を支えるという方針を定めた。

バスに乗ってもらうためにはどうすべきか。そこから生まれたのが、運賃の上限を200円にすることだった。2005年に約5000人の利用者に聞いたところ、200円が理想という意見が多かった。丹海バスは最初は反対したものの、地域の生活を支えたいという思いは一致しており、市が全面的に支えていくと約束したこともあり、最終的に合意した。

まず実証実験を翌年から4年間行い、2010年から本格実施とした。現在は隣接する宮津市、与謝野町、伊根町も200円となっている〔図7〕。

表1：丹海バス利用者数と補助金額（提供：京丹後市）

年度	区分	乗車人員(人)	内訳①国庫	内訳②単独	対前年度比(%)	補助金額(千円)	対前年度比(%)
平成18年度	実証前	173,939	166,800	7,139		98,800	
平成19年度	実証1年目	233,658	226,261	7,397	134	94,526	96
平成20年度	実証2年目	303,207	294,044	9,163	130	85,766	91
平成21年度	実証3年目	328,486	317,597	10,889	108	90,796	106
平成22年度	実証4年目	365,288	350,624	14,664	111	83,004	91
平成23年度	本運行1年目	367,403	349,374	18,029	101	74,937	90
平成24年度	本運行2年目	393,109	374,619	18,490	107	83,327	111
平成25年度	本運行3年目	383,432	362,583	20,849	98	91,632	110
平成26年度	本運行4年目	368,746	348,853	19,893	96	107,894	118
平成27年度	本運行5年目	391,962	372,253	19,709	106	119,580	111
平成28年度	本運行6年目	398,099	376,222	21,877	102	94,368	79
平成29年度	本運行7年目	435,769	413,287	22,482	109	107,213	114
平成30年度	本運行8年目	462,676	439,098	23,578	106		

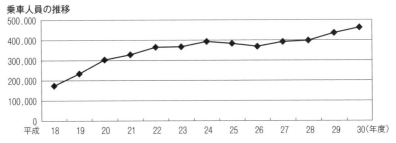

乗車人員の推移

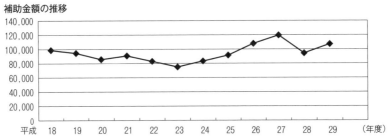

補助金額の推移

　実証実験が始まった年度から、利用者数の減少が止まり反転しはじめた。利用者の6割は高校生で、それまでマイカー送迎の他自転車、原付バイクなどで通学していた。200円なら定期券代が出せると判断した家庭が多かったようだ。200円で通学できるので遠くの高校を選べるようになったという声もあった。

　京丹後市では以前から、多くの地方のバスと同じように、淡海バスに補助金を出しているが、実証実験前と比べると2018年度の利用者数は約2.7倍であり、補助金額はほとんど変わらない〔表1〕。

利用者増加に伴い、丹海バスでは停留所新設や路線拡充も行った。これがさらなる利用者増を生んだ。ただし最近は運転士不足が課題になりはじめており、一部では減便が始まっているという。
　これ以外に京丹後市には市営バスもある。多くは小中学校のスクールバスへの混乗になっており、旧久美浜町に多い。今後、淡海バスでの維持が難しくなった路線は、この形態での市営化を考えるとのことだった。
　さらに市内でも人口減少と高齢化が著しい旧丹後町では、2008年のタクシー撤退を受け、路線バスが走っていない東西2ヶ所の集落内での公共交通確保という目的から、翌年設立されたNPO法人「気張る！ふるさと丹後町」が2014年からデマンドバスを運行している。
　しかしバスが1台ゆえ各集落にとっては隔日運行となるうえに、乗車前日までに予約が必要であるなど不便だったため、京都府や京丹後市の協力、市の地域公共交通会議での承認を受け、2016年からは自家用有償旅客運送制度とウーバーのアプリを活用した「ささえ合い交通」も導入している。
　自家用有償旅客運送制度とは、公共交通の整備が行き届いていない過疎地域に、自家用車を用い一般ドライバーの運転で旅客の移動を支える制度で、市町村運営有償旅客運送の交通空白輸送と市町村福祉輸送、NPO法人などが行う公共交通空白地有償運送と福祉有償運送がある。ささえ合い交通は公共交通空白地有償運送に該当する。
　車両は地元住民のマイカーで、車体側面に表示があり、自動車保険には独自の内容を盛り込んでいる。ドライバーはオレンジ色のベストを着用。2019年4月時点で18名おり、仕事などの合間に輸送を担当する。国土交通省による自家用有償旅客運送制度の講習を受け、2年（無事故無違反の場合は3年）ごとにライセンス更新を行う。乗務前は直接点呼を義務付けており、アルコールチェッカーなどを使用している。
　ウーバーは前述のようにスマートフォンかタブレット端末での配車を依頼し、決済はクレジットカードを使用する〔図8〕。しかしこれらを持っていない住民もいるため、サポーターによる代理配車も採用し、決済は現金

図8：ささえ合い交通アプリ

図9：丹海バスとEV乗合タクシー

も可能としている。運賃はタクシーの半額ほどで、国が定めた目安を元にした数字が承認された。乗車地は旧丹後町内に限られるが、降車は京丹後市全域で可能となっている。

ウーバーのアプリ利用のメリットは、外国人観光客でも言葉や通貨の苦労なしに移動ができる他、ウーバーのデータが日報代わりとなるので事務作業が軽減されていることなどを挙げていた。マイカーを活用していること、アプリが無料であることなど、初期投資がほぼ不要であることもメリットとして数えられる。

ところがタクシー業界にとってウーバーアプリ利用は不満だったようで、ささえ合い交通と同じ日に、一度撤退した旧網野町・久美浜町でタクシーが復活した。

この両地域には、京丹後市が2015年から電気自動車関連の補助金を活用した「EV乗合タクシー」を走らせている〔図9〕。移動のみならず小荷物輸送や買い物代行、見守り代行なども行う画期的な内容だったが、前述のようにタクシー事業者が再参入したことで競合状態になっている。

なおデマンドバスやささえ合い交通、EV乗合タクシーはバスと対抗す

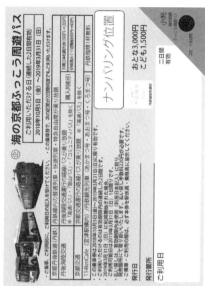

図 10：海の京都ふっこう周遊パス （提供：京都府）

る交通手段ではなく、バス停から自宅までのフィーダーという位置付けであり、取材時にもそのような配車を依頼してきた利用者がいた。

京都丹後鉄道でも、高齢者限定であるが、市の補助によって上限 200 円で乗車できる制度を導入しており、高齢者の利用は 3 倍になった。一部の車両は水戸岡鋭治氏によってデザインを一新し、食事付き豪華列車の運行も行っている。

京都丹後鉄道は 2018 年 7 月の西日本豪雨で、約 2 ヶ月間運行を休止する事態に追い込まれたが、復旧後の 10 月から翌年 3 月まで、京都府の支援を受け「海の京都ふっこう周遊パス」を発売していた〔図 10〕。

京都丹後鉄道全区間の普通、快速、特急列車自由席の他、丹後海陸交通と京都交通の路線バスが乗り放題で、ケーブルカー・リフトや観光船・遊覧船の割引特典、観光列車や駅構内での飲み物無料提供などが含まれている。

年々増え続けている外国人観光客向けでも、ふっこう周遊パスに近い内容を持つ「海の京都エリアパス」を販売し、JR 西日本が発行する JR ウ

ェストレールパスへの参画を行うなどしている。

　WILLER は北海道の道東地域で鉄道、バス、船舶と観光施設をセットにした「ネイチャーパス」を、スマートフォン掲示のクーポンという形で販売した経験を持つ。同社では 2023 年には年間 50 万人が利用し、消費額 250 億円を創造する観光 MaaS プラットフォームを目指していきたいとしている。

　2019 年 6 月に国土交通省が発表した新モビリティサービス推進事業では、この経験を生かす形で京都丹後鉄道沿線地域でも WILLERS MaaS アプリを提供予定としており、QR システムを導入した実証実験が採択された。公共交通や周辺施設で利用可能としている。

JR 東日本と東急の取り組み

　民間交通事業者では JR 東日本（東日本旅客鉄道）が比較的早い段階から動き始めている。

　同社は 2013 年、東京で行われた ITS 世界会議に出席しており、3 年後には「技術革新中長期ビジョン」を策定して、IoT、ビッグデータ、AI などを活用することで「モビリティ革命」の実現を目指すとした。そして 2017 年 9 月には「モビリティ変革コンソーシアム」を設立している（図11）。

　このコンソーシアムは、前年発表したビジョンの実現に向け、モビリティを変革する場として創出したもので、交通事業者、国内外メーカー、大学、研究機関などが連携し、単独では難しい社会課題の解決に取り組むとしている。2019 年 5 月現在で 150 団体が参加している。

　コンソーシアムには三つのワーキンググループがあり、その下にサブワーキンググループが存在する。これとは別にアイデアソン、ハッカソン、勉強会なども開催している。

　MaaS 関連では、2018 年秋に日立製作所と共同で新開発したスマートフォンアプリ「Ringo Pass（リンゴパス）」の実証実験がある。ここでは

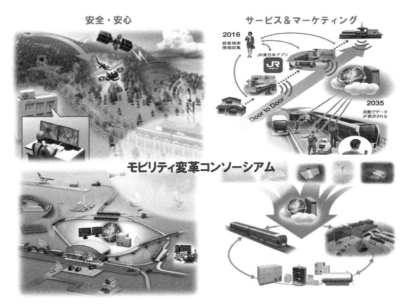

図11：モビリティ変革コンソーシアムの概念イラスト（提供：JR 東日本）

NTT ドコモの自転車シェアや国際自動車のタクシー配車アプリと連携させ、鉄道やバスだけでなく自転車シェアやタクシーを利用することも可能としている。

さらに JR 東日本は東急電鉄（東京急行電鉄）とともに 2018 年 9 月、静岡県伊豆エリアで観光客を主体とした MaaS の実証実験を始めると発表し、翌年 4 ～ 6 月に第 1 期を実施、第 2 期は 9 ～ 11 月に予定している。両社ではこれを「観光型 MaaS」と称している。

2017 年末頃に JR 東日本と東急電鉄、そして楽天の会長が話し合いをした中から考えが生まれたとのことで、地方は観光客は増えているものの交通は弱体化しており、地域活性化のために MaaS のようなものが必要という結論に達したという。

伊豆を選んだ理由は、交通事業者の運営が厳しい、東西方向の交通が不便などの課題を抱える一方で、東急グループが伊豆急行をはじめとする交通や宿泊などを手掛けていること、JR 東日本も伊東線を走らせており、

図12：東急電鉄が企画しJR東日本と伊豆急行が走らせる観光列車

両社を直通する列車も多いうえに、東伊豆は東京からの観光客が90％以上を占めていることも挙げていた〔図12〕。

　毎年JRグループが地方自治体や地元関係者、旅行会社の協力を受け展開するデスティネーションキャンペーンが、2019年4～6月に静岡で行われることも関係していた。キャンペーンに合わせ、JR東海や伊豆箱根鉄道、東海バスなどをつなげた体制を作り、東伊豆から中伊豆までの乗車券をデジタルフリーパスとして提供することになった。

　伊豆の観光型MaaS実証実験に参加した事業者を見ると、伊豆箱根鉄道は西武鉄道グループ、東海バスは小田急電鉄グループで、デスティネーションキャンペーンはJR東海（東海旅客鉄道）も積極的に関わっており、会社の枠を超えて複数の交通をシームレスにつなげた、我が国としては画期的な事例と言える。

　ちなみに楽天は観光業に関するノウハウ提供を主な任務としている。JR東日本や東急電鉄が期待しているのはインバウンド需要だ。東伊豆旅行における海外比率は10％弱で、楽天の力を借りることで伸び代を期待している。

　MaaSアプリはムーヴェルのプラットフォームを用いたもので、「Izuko

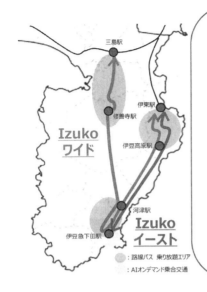

図13：Izukoのメニュー説明 (提供：JR東日本・東急電鉄)

（イズコ／以降Izukoと表記）」と名付けられた。検索や予約から決済までがアプリ上で可能で、経路検索は第2章で紹介した「駅すぱあと」と連携しており、予約は実証実験のために用意したAIオンデマンド乗合タクシーと既存のレンタサイクル、レンタカーに対応している。

メニューは定額制であるが、観光型だけあって月額ではなく2日間有効のデジタルフリーパスが2種類用意されている〔図13〕。

「Izukoイースト」は、東伊豆地域の伊豆急全線と伊東市内、下田駅周辺の路線バスが乗り放題のチケットで3700円。「Izukoワイド」は中伊豆地域も含め、伊豆箱根鉄道駿豆線全線、修善寺・下田駅周辺の路線バス乗り放題に加え、東海バス（修善寺〜河津）、伊豆急（河津〜下田〜伊東）が一方向のみ乗り降り自由になり、4300円となる。

いずれもクレジットカードで決済し、交通機関を利用する際にはアプリ画面を見せる。有効期間中はアプリ画面下にある鉄道のアニメーションが動くので、交通事業者はここで判断することになる。

JR 東日本のスイカ（Suica）や東急電鉄などが使うパスモ（PASMO）を用いなかったのは、IC カードに対応していないバスやタクシー事業者もあったことが関係しているという。
　またアプリでは対象エリアにある観光施設の入場券が事前購入可能で、デジタルフリーパスを提示すると割引を受けられるサービスも提供する。単なる経路検索アプリではなく、移動の先にある「目的」も MaaS アプリに取り込むことで、地域観光の推進につなげる狙いがある。
　ちなみに第 2 期では、対象エリアに西伊豆を加え、AI オンデマンド乗合タクシーは対象エリアを拡大するとともに無料から有料に移行し、宿泊施設の予約連携を行い、宿泊セットプランなども用意するという。
　多様な交通をシームレスにつなぐという MaaS の概念に沿った内容であるだけでなく、有効期間や料金設定、観光施設との提携など、観光型としての新しい取り組みも行っており、今後同様の MaaS を導入する地域にとっては、実績を含め参考事例になるだろう。
　ところで JR 東日本は 2019 年 1 月、小田急電鉄との間で MaaS の連携について検討を開始すると発表した。これまでも両社を含む首都圏鉄道事業者は、公式スマートフォンアプリの列車走行位置や時刻表の情報を連携させる取り組みを行ってきたが、今後は MaaS についても連携することで、輸送障害発生時の迂回乗車経路提案などを実現できるよう検討を進めていきたいとしている。
　ちなみに小田急は 2018 年 12 月、第 2 章で紹介したヴァル研究所や駐車場運営のタイムズ 24、自転車シェアのドコモ・バイクシェア、電動車いすの WHILL（ウィル／以降 WHILL と表記）とともに、システム開発やデータ連携、サービスの検討で相互に連携・協力していく「小田急 MaaS」の検討について合意してもいる（図 14）。
　このうちヴァル研究所とは 2019 年 4 月、鉄道やバス、タクシーなどの交通データやフリーパス・割引優待などの電子チケットを提供するためのデータ基盤「MaaS Japan」を共同で開発すると発表している。

前述のように、日本の公共交通は多くの民間事業者が競合する状況が一般的で、MaaSのようなシームレスなサービス構築はハードルが高いと言われてきたが、JR東日本を核とした連合が拡大すれば、その常識を早期に打破する可能性もある。

図14：MaaSに積極的な小田急電鉄

電動車いすWHILLの取り組み

前節で紹介した小田急電鉄のMaaSプロジェクトのメンバーに入っているWHILLは、独自にMaaSへの取り組みを進めている。

WHILLのプロジェクトがスタートしたのは2009年。デザインとテクノロジーの力を生かし、身体の状態や障害の有無にかかわらず誰でも乗りたいと思えるパーソナルモビリティを目指し、空港や駅、遊園地などさまざまな場所で、好きな時に自由に使えて楽しくスマートに移動できる新しいサービスを思い描いていた。つまり当初からモビリティサービスの展開を構想していたことになる。

2年後の東京モーターショーに試作機を展示し、翌年法人化を果たした。2013年には米国に拠点を開設し、次の年に最初の市販型モデルAを発表。筆者も審査委員を務めていたグッドデザイン賞で大賞を受賞している。2017年には軽量化と分解可能な構造、低価格を両立したモデルCを発売している。

このモデルCでは、国内で販売している電動車いすでは初めて、通信

図15：WHILL の MaaS 導入シーン（提供：WHILL）

機能を搭載したことも注目された。スマートフォンのアプリを使い、遠隔操作で動かすことが可能であり、トラブルが発生した際はメーカー側で状況が確認できるので、その場で対処方法を受け取ることができる。

この機能を活かし、WHILL は従来の販売事業に加え、MaaS 事業にも乗り出そうとしている。同社は MaaS において、公共交通を降りた後のラストマイルをサポートし、すべての人の移動をシームレスにつなぎたいとしている。前述のように構想は以前からあったが、技術の進歩によって実現が可能になった。

すでに空港ではオランダ・アムステルダムのスキポール、英国ロンドンのヒースロー、米国ニューヨークのラガーディアで導入のための協議を進めている。欧州の空港では車いすの配備が義務となっている。

我が国では三重県の伊勢神宮、神奈川県の横浜港大さん橋国際客船ターミナルなどで乗ることができる。病院、美術館、テーマパーク、ショッピングモールなどでも展開を考えている〔図15〕。

WHILL ではここに、2019 年 1 月に米国ラスベガスで開催された CES（家電見本市）で発表した自動運転機能を組み合わせる予定でいる。自動車

の自動運転とはやや内容が異なり、乗車中は歩行者や建造物などへの衝突防止のための自動停止だけとし、使用後の回収を自動化する。移動中の介助を含めた省力化に貢献するという〔図16〕。

図16：WHILL の自動運転車いす（提供：WHILL）

電動車いすは自動車よりも低速であり、ほぼその場で停止できる。屋内であれば道路交通法などの適用も受けない。自転車やキックボードと違って停車しても自立している。自動運転にもっとも向いた乗り物の一つであることが分かる。WHILL では2020年に公共空間での自動運転実現を目指すという。

利用者がアプリで空いている車いすを呼び出す方法での利用を想定している。空港運営者や鉄道事業者などのアプリと連携することで MaaS を形成することになるだろう。

筆者も出張先で足を骨折したことから、空港で車いすを利用した経験がある。松葉杖での移動も可能であったが、空港で車いすの提供を受け快適に移動できた。それ以来、長距離・長時間移動が辛い人のために車いすを提供するサービスは必要という認識を抱いた。

MaaS はすべての人の移動をシームレスにつなぐ仕組みであり、本来なら車いすを含めるのが自然だ。欧米の多くの MaaS がそれを実現していないのは、WHILL のような高度に知能化された車両が一般的でないことが理由である。

逆に言えば、日本は車いすを MaaS の一員に入れることができる希少な国である。世界最先端の高齢化に直面する国だからこそ、WHILL の技術を活用した MaaS 構築を目指してほしい。

第10章 日本でMaaSを根付かせるために

MaaSの拡大解釈を危惧する

「メディアの言うことは信じないでほしい」

2018年秋にMaaSの調査のためにフィンランドを訪れた際、現地の担当者が口にした言葉である。

MaaSがさまざまなメディアで取り上げられていく中で、記者や編集者が本来の概念を勝手に書き換えた結果、当初の定義からかけ離れた例を見ることが、我が国でも多くなった。

MaaSのルーツは2006年にフィンランドで生まれ、6年後にMaaSという言葉が考え出され、2014年に公の場で初めて発表。2015年にはMaaSアライアンスというグローバルな組織が形成されるとともに、MaaSフィンランドというオペレーターが創業し、翌年MaaSグローバルと名を変えたこの組織がMaaSアプリの代表格であるWhimを送り出した。

それぞれの場面でMaaSの概念は明確に記されている。にもかかわらず2019年の日本では、その概念を自在に書き換えようとする行為がメディアを中心に目立っている。

　特定の交通に関するスマートフォンのアプリを開発すれば、それだけでMaaSだという人がいる。本来はモビリティではないショッピングやレストランの情報もMaaSに不可欠という人がいる。多くは利用者の立場ではなく、提供者側の都合で語っているような気がする。

　このような状況になった理由として、MaaSが現在モビリティシーンにおいて注目の存在であり、メディアとしては読者を増やしたいがために、この言葉を使って読者を誘導したいという思いが伝わってくる。

　特に我が国でMaaSを、本来はMaaSの主役ではない自動車産業と結びつける記事が多いのは、第7章で書いたように日本における自動車産業が基幹産業の一つであることが大きい。「台数半減」などの刺激的、挑発的なタイトルを掲げることで、多くの読者を惹きつけたいというマーケティング面のテクニックも含まれている。

　記事の内容はタイトルに沿ったものであることも多いが、それは前にも書いたように、MaaSは交通利用者のための概念であるという本来の概念からかけ離れている。

　第7章で触れたように、欧州では2018年、自動車メーカーのBMWとダイムラーがモビリティサービス部門の統合を発表したが、発表資料でモビリティ・アズ・ア・サービスという言葉があったのは五つあった組織のうちのリーチナウだけで、それ以外にはMaaSとのつながりを示す表現はない。

　欧州はまだMaaSの概念をわきまえていることが伝わってくる一節だったが、我が国のメディアでは五つの組織を総称してMaaS会社と呼んでいるところもある。

　そもそも日本には「〇〇銀座」や「小京都」など、トレンドとなっている場所にあやかる命名は多く存在する。MaaSも昨今のトレンドワードの

一つなのかもしれない。しかし MaaS ではないものを MaaS と称することも、本来は明確な概念である MaaS を分かりにくくしている要因の一つである。なによりも利用者の立場になって発信をしてほしい。

BRT の二の舞にならないために

　本来の意味を拡大解釈した事例が多数出現したために、当初の目的を達成することができず、むしろ不評をかこってしまった例は過去にもある。交通分野では BRT が該当する。

　似たような語感の LRT が、自動車優先社会からの脱却を目指した欧州の路面電車近代化と北米の都市鉄道復権から生まれた概念なのに対し、BRT の概念は南米ブラジルの都市クリチバをルーツとしている。

　クリチバもまた、自動車交通重視のまちづくりで失敗した首都ブラジリアを教訓に、公共交通重視の都市計画を推進した中で生まれた。財政面で地下鉄の導入が難しかったことからバスを選択。専用レーンやチューブ型停留所などのインフラを与えることで、鉄道並みの高機能化を実現した。

　1974 年にクリチバで走りはじめた革新的なバスシステムは、同じブラジルのリオデジャネイロ、コロンビアの首都ボゴタなど南米都市のほか、欧州や北米でも LRT とともに新世代の都市交通として次々に波及し、BRT と呼ばれるようになった。近年はアジアにも展開例が見られる。

　一方日本では、国土交通省が BRT について、連節バス、PTPS（公共車両優先システム）、バス専用道、バスレーン等を組み合わせることで、速達性・定時性の確保や輸送能力の増大が可能となる高次の機能を備えたバスシステムとしている。

　しかし JR 東日本気仙沼線・大船渡線 BRT のように、鉄道の軌道敷を専用道に転換した路線を除けば、専用道や専用レーンを用意した例は皆無に近い〔図1〕。むしろ連節バスを走らせることを BRT の主眼に位置付けている例が目立つ。

図1：JR東日本気仙沼線・大船渡線BRT

　たとえば新潟市で2015年に開業したBRT「萬代橋ライン」では、連接バスを4台投入した一方で専用レーンは用意されず、郊外から直行していた系統をBRTの交通結節点での乗り換えに切り替えたために、遅延によって予定どおりの接続ができない事態が発生し、開業当初は事故や運賃トラブルが頻発したこともあり、ただでさえ乗り換えを不便と感じている利用者の不満が多く寄せられた。

　その後、郊外からの直行便を一部復活し、連節バスを快速運用に限定するなどの改善策を実施したが、専用レーンについてはいまだに整備されていない。

　南米や欧州のみならず、タイの首都バンコクを走るBRTでさえも、連節バスを使用してはいないものの、渋滞で身動きの取れない乗用車を尻目に、専用レーンを快走することで定時制を確保している〔図2〕。

　もう一度書くが、BRTの意味はバス高速輸送システムであり、高速化にもっとも効果的なのは専用道や専用レーンの用意であることは説明するまでもない。逆に連節バスは、運賃収受を乗車時あるいは降車時に1ヶ所で行う現在の方式では、1台あたりの乗車人員が多いことから、運用によ

図2:バンコクのBRT

っては遅延が増加すると主張する専門家もいる。

　多くの日本の自治体や交通事業者が、連節バスを走らせることをBRTの主眼に置いてきたために、諸外国とは異なり、利用者にとってメリットを感じにくい交通システムになってしまっている。MaaSがBRTの二の舞にならないことを祈っている。

ビジネス重視のまちづくりの弊害

　本書の序章で、MaaSをビジネス重視で考えると、需要のある場所には投資を行う一方で、需要が減れば供給を絞ったり打ち切ったりという選択肢が一般的になる可能性を書いた。MaaSオペレーターが撤退しても鉄道やバスは走り続けるが、MaaSによって享受していた利便性を突然手放さなければならない状況に苛まれてしまう。

　このように地域住民の生活に密接に関わってきた事業者が突然、身を引

いたらどうなるか。序章では水事業を紹介した。

　日本では2018年7月、改正水道法が可決され、自治体が公共施設の所有権を持ったまま、運営権を民間企業に売却できるコンセッション方式の導入が決まったが、水メジャーと呼ばれる有力企業が存在するフランスの首都パリでは、民営化によって料金が大幅に上昇したことから、再公営化に踏み切ったことを記した。

　生活者にとってはインフラに近い存在である商店については、もともと民間事業が一般的だが、自治体が民間に任せっぱなしにしていくと競争原理が働き、結果として住民が不便を被る場合もある。

　佐賀県三養基郡上峰町にある大型商業施設「イオン上峰店」は、福岡県にある運営会社のイオン九州が2018年5月の取締役会で閉店を決定。2019年2月に営業を終了した。

　イオン上峰店の前身となる「上峰サティ」がオープンしたのは1995年。開業当時は佐賀県のみならず福岡県南部や長崎県を含めても最大級の商業施設だった。

　しかも佐賀市中心部の東約15km、福岡県久留米市中心部の西約10kmという立地にあったことから広域集客を狙った。これが成功し、レストラン街や映画館も設置するショッピングセンターに成長した。

　ところが1998年、以前からあった大規模小売店舗法（大店法）が、日米貿易交渉における非関税障壁撤廃を求める米国からの圧力もあり、大規模小売店舗立地法（大店立地法）に内容を変えた。事実上の規制緩和であり、その後国内各地に大型商業施設が増えることになる。

　上峰サティ周辺も例外ではなく、同じ佐賀県の佐賀市、武雄市、唐津市、そして福岡県久留米市、筑紫野市に相次いでショッピングセンターが作られ、商圏は少しずつ狭まっていった。さらに上峰サティ周辺にもディスカウントストアやドラッグストアなどが出店していく。

　日本の多くの地方で当然になりつつある、いわゆるロードサイドに大型店舗が並ぶ光景が展開されていった〔図3〕。

図3：大型商業施設の進出が多いロードサイド

サティを含めてこれらの店舗のほとんどは福岡市などに本社を置く。つまり売り上げは地元には落ちない。地元にはメリットを生み出さない競争が展開されていた。しかもこの間、九州ニチイからマイカル九州、イオン九州へと変わった運営母体は、上峰町周辺の佐賀市、唐津市、筑紫野市にショッピングセンターをオープンさせていた。

　中でもイオンモール佐賀大和および筑紫野は、上峰町中心部から自動車で20〜30分の距離にあり、レストランや映画館を含めた総合商業施設になっている。

　対照的にイオン上峰店は、施設の老朽化や競合の激化もあって、レストラン街が閉鎖されるなどした末に、閉鎖を決めた。閉店後のイオン上峰店のウェブサイトを見ると「お近くのイオン各店（佐賀大和店・筑紫野店）をご利用ください」という文字があった。

　閉店決定を受けて記者会見した武広勇平上峰町長は「イオンがあるからこの町に転居してきた人も多い」と発言しており、同町のイオンへの依存度が高かったことが窺える。

　今後、残った商業施設の間で、再び地元とは関係のない競争が繰り広げられ、進出と撤退が繰り返されるのではないかと予想された。しかし町ではイオン九州に土地や建物の無償譲渡を要望。イオン九州はこれを受け入れた。

　町は跡地を含めた中心市街地の再開発を、民間の資本やノウハウを活用しながら進め、2021年夏の開業を目指すという。ここにきて自治体主導

による新たなまちづくりの姿が見えてきたことになるが、住民は開店や閉店のたびに行き先を変える必要に迫られていたわけで、もっと早くから町の主導で方向性を示すべきだっただろう。

　交通分野においては、鉄道やバスの参入は免許や許可が必要であり、これらに比べて自由度が高いタクシーについても、第9章で紹介した京丹後市の地域公共交通会議のような組織での承認を受ける必要がある。いずれも自治体が関与している。

　しかしMaaSオペレーターについては、我が国では現状で、そのような制度はない。免許制度などで障壁を作る必要はないが、参入と撤退が繰り返される商業施設のような状況にならぬよう、自治体が管理する体制を求めておきたい。

MaaSに留まらない交通改革を

　ここまで何度か記してきたように、日本の大都市圏の公共交通は欧米と比べると特殊な状況になっている。多くが民間企業の運営であり、黒字か赤字かという部分が重視される。鉄道事業者が商業施設や住宅など沿線開発にも進出することで利用者を増やすという手法もまた、欧米にはあまり見られない状況である。

　つまり我が国では公共交通もビジネスの一環であるという考えが根強い。その結果、都市の規模が大きくなるほど事業者の数も増え、路線体系や運賃体系が複雑化している。

　最近はその中で、首都圏の一部の鉄道事業者がMaaSという枠組みの中で連携を図っていこうとしているが、現状では10以上ある鉄道事業者の半分にも満たない。名古屋圏や京阪神圏の鉄道事業者においては、MaaSによる連携という話題そのものが表に出てきていない。

　MaaSの構築では、各事業者が収集し保有している移動データを提供しあう必要がある。しかしビジネス面で見ればデータは財産であり、すべて

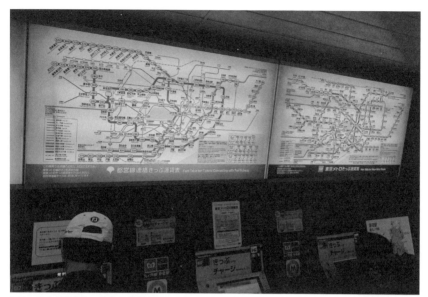

図4：統合が進まない日本の都市交通

の事業者がデータを共有してMaaSを構築するには、さまざまな困難が待ち受けているのも事実である〔図4〕。

序章で触れた、我が国でMaaSを新しいビジネスと捉える人が多い理由として、多くの公共交通が民間企業に委ねられ、黒字赤字で判断する事業になっているために、MaaSについても営利目的という視点で臨んでしまうのではないだろうか。

本来はMaaSとは言えない領域までMaaSとして扱う、本章の最初で紹介したような風潮もまた、交通事業がビジネス重視の視点で考えられていることが大きく作用しているのであろう。

第1章で紹介したように、欧米ではMaaS導入以前から、税金主体の運営、運賃体系の一元化、信用乗車方式など、多様な公共交通改革を実施してきた。MaaSもこうした一連の公共交通改革の延長線上にあり、突然変異的に生まれた概念ではないことは前に記した。

我が国におけるMaaS導入は、公共交通のありかたも欧米流に転換し

ていく好機でもある。

　大都市圏の交通事業者は黒字であるところも多いので、統合に慎重な態度を示す事業者もあるだろうが、利用者の立場からみれば、欧米流の公共交通改革が利便性や快適性で利点を生み出しているのは自身の体験から確実であるし、MaaSの導入も容易になるというメリットもある。

　我が国で本気でMaaSを根付かせるなら、公共交通とは？という部分から考え直す必要があるかもしれない。逆に言えばMaaSが公共交通改革の契機になることを期待している。

地方こそMaaSに向いている

　一方で地方交通は、大都市圏に比べて事業者そのものが限られているうえに、多くが自治体の補助を受けて運行しているのが現状である。つまり自治体のイニシアチブにより統一化が図りやすく、MaaSは実現しやすい。

　しかしそのためには、自治体の首長や担当者が交通について明るくなることと、リスクを恐れず革新を実施していくという強い意志と情熱を持つことが重要である。

　第9章で触れた八戸市と京丹後市の実例は、前者では専門家を招き入れたのに対し、後者ではICT技術をいち早く導入するなど、実現までのプロセスには違いがあるが、自治体が主体となって革新的な交通計画を策定し、実行に移している点は共通している。

　筆者が以前、書籍にまとめたことがある富山市の交通政策についても同じことが言える。富山市では現市長が欧米の交通事情を熟知しており、まちづくりの一環として我が国の制度下で欧米流の改革を導入した。その結果、かつては人口減少に悩んでいた中心市街地で人口増加が見られるなど、明確な結果を出している。

　富山市を含めた三つの市には、交通関係の視察が絶えないという。しかし大切なのはただ視察することではなく、その結果を自分たちの自治体で

展開に移すことである。

　もう一つ、国土交通省や経済産業省など国の組織でもMaaSについて実証実験を始めたことを受け、路面電車の新規整備時などに用意される補助金を、MaaSについても用意してはどうかと提案する。

　その場合に大事なのは、自治体が主導権を握ることである。公共交通はそれ自体が目的ではなく、まちづくりのためのツールの一つであることは第1章でも記した。ICTによる公共交通改革であるMaaSもまた、まちづくりのためのツールである。

　MaaSの仕組みを構築し展開するオペレーターについては民間企業に委ねることになるだろうが、地域のことは自治体がもっとも理解しているはずであり、自治体が主体となって計画から実施に向けたプロジェクトを推進していくことが重要である。

　日本は世界最先端の高齢化国家であり、運転免許返納者が増加している。一方で若年層を中心に大都市への一極集中が進んでおり、地方の過疎化もまた加速している。地方に限ったことではないが、バスなどの運転士不足も深刻となっている。

　我が国の交通でまず手をつけるべきは地方であると、多くの人が認識しているのではないだろうか。その解決策の一つとして、地方でのMaaSをどう導入していくかが、我が国のモビリティシーンにおける直近のテーマである。

　とりわけ高齢者にとって、新たなデジタル技術を習得するのは難しいかもしれない。そもそも日本は現金決済が根強く残っている国の一つであり、高齢化という点では共通するフィンランドが実現できたから、そのまま我が国でも定着できるとは限らない。

　しかしながらスマートフォンの利用者は着実に増え続けている。それは地方でも例外ではない。また自身の経験から、以前は紙に印刷して携行していた航空機のチケットを、最近はスマートフォンのQRコード表示でまかなうことが多くなった。

紙のチケットはそれ以外の機能を持たないのに対し、スマートフォンはさまざまな用途で使用するので常に携帯しており、QRコードで搭乗するほうが楽であることを発見したからである。

図5：京丹後市・ささえ合い交通のICT活用事例

こうした体験をする人が増え、その体験が口コミで広まれば、スマートフォンによる決済は普及するのではないかと予想している。そのためにはむしろ規模が大きすぎず、住民同士のつながりが密な地方のほうが有利であろう。

京丹後市のささえ合い交通では、データ管理が効率化につながるという証言があったし、ICTによってデータを分析することで、需要に対して最適な交通を供給できる可能性が高まる〔図5〕。公共交通関連の予算が限られている地方にとっては、この点もメリットに数えられる。

このようにMaaSは地方で効果を発揮するツールである。多くの地方の行政担当者がMaaSをはじめとする公共交通についての知識を深め、まちづくりの一環として交通改革を策定し、ツールの一つとしてMaaSを導入するような展開が理想である。

交通が便利になれば、移動する人が増え、街が再び活気づく。にぎわいを取り戻した様子が外に伝われば、移住を考える人たちが出てくる。

現在の日本では東京など大都市圏への一極集中が進んでおり、このままでは地方は衰退する一方である。しかしMaaSに関しては地方が大都市をリードする可能性がある。大都市が繁栄し、地方は衰退するという現在の潮流を逆転する可能性を秘めているのである。

おわりに

　MaaS の真の姿を伝えたいという気持ちから企画した本書であるが、はたして MaaS だけで1冊分のページを埋め尽くすことができるのかという懸念もあった。しかし書き進めていくうちに杞憂であると分かった。

　これまで個別に取材や視察を進めてきた欧州の公共交通改革や米国のライドシェアなどの現場が、すべて MaaS に結び付いていることに気づいたからである。自分がライフワークとして追い求めてきた延長線上に MaaS があることを発見し、スムーズに筆が進むようになった。

　フィンランドを代表するプロダクトであるノキアの携帯電話を長年愛用してきており、スマートフォンの代表格であるアップルの iPhone は日本発売後すぐに手に入れるなど、欧米の情報通信機器の動向に興味を持ち、この分野での執筆活動を行った経験があったことも、MaaS をスムーズに受け入れることができる理由になった。

　その結果認識したのは、MaaS はたしかに革新的な概念であるが、まったく新しい発明ではなく、既存の交通通信改革の延長線上にあることだった。誕生の背景を知ることで、現代の都市や地方に根付く社会問題解決のためのモビリティサービスであることも理解した。

　本書はそのような方向性に基づいて書いてきたつもりである。とりわけ過疎化や高齢化に悩む我が国の地方の活性化のためのツールとして、MaaS の可能性は大きいと感じている。多くの地方で MaaS を使った交通改革が実施に移され、にぎわいを取り戻す日が到来することを祈っている。

　執筆に際しては、中央大学研究開発機構の秋山哲男先生が企画したフィンランドのスタディツアーが契機となった。ツアーに参加したメンバーの方々にもお世話になった。この場を借りて感謝を申し上げる。

　またフィンランド以外の国内外の自治体、NPO、自動車メーカー、ICT 企業の関係者の方々にも、取材や視察の対応をしていただいた。これらも MaaS を語るうえで不可欠な体験となった。そして本書をまとめるにあたっては、学芸出版社編集部岩崎健一郎氏のご尽力も欠かすことができない。この場を借りてお礼を申し上げたい。

森口将之（もりぐち　まさゆき）

1962年東京都生まれ。早稲田大学卒業後、出版社編集部を経て1993年にフリーランスジャーナリストとして独立。国内外の交通事情・都市事情を取材し、雑誌・テレビ・ラジオ・インターネット・講演などで発表。2011年には株式会社モビリシティを設立し、モビリティやまちづくりの問題解決のためのリサーチ、コンサルティングを担当する。日本カー・オブ・ザ・イヤー選考委員、グッドデザイン賞審査委員。著書に『パリ流環境社会への挑戦』『富山から拡がる交通革命』『これから始まる自動運転 社会はどうなる!?』など。

MaaS入門　まちづくりのためのスマートモビリティ戦略

2019年8月1日　　第1版第1刷発行
2020年5月10日　　第1版第2刷発行

著　者　森口将之
発行者　前田裕資
発行所　株式会社 学芸出版社
　　　　〒600-8216　京都市下京区木津屋橋通西洞院東入
　　　　電話 075-343-0811
　　　　http://www.gakugei-pub.jp/
　　　　E-mail info@gakugei-pub.jp
印　刷　イチダ写真製版
製　本　新生製本
デザイン　KOTO DESIGN Inc.　山本剛史　萩野克美

© 森口将之 2019　　　　　　　　　　　　　　　　　Printed in Japan
ISBN 978-4-7615-2711-2

JCOPY 〈㈳出版社著作権管理機構委託出版物〉
本書の無断複写（電子化を含む）は著作権法上での例外を除き禁じられています。複写される場合は、そのつど事前に、㈳出版社著作権管理機構（電話 03-5244-5088、FAX 03-5244-5089、e-mail: info@jcopy.or.jp）の許諾を得てください。
また本書を代行業者等の第三者に依頼してスキャンやデジタル化することは、たとえ個人や家庭内での利用でも著作権法違反です。

好評既刊

フランスの地方都市には なぜシャッター通りがないのか
交通・商業・都市政策を読み解く

ヴァンソン藤井由実・宇都宮浄人 著　A5判・204頁・定価 本体2300円＋税

日本と同じくクルマ社会で、郊外には巨大なショッピングモールがあるのに、なぜフランスの地方都市の中心市街地は活気に溢れ、魅力的なのか。「駐車場と化した広場」から「歩いて楽しいまちなか」への変化の背景にある、歩行者優先の交通政策、中心市街地と郊外を共存させる商業政策、スプロールを防ぐ都市政策を読み解く。

〈改訂版〉まちづくりのための交通戦略
パッケージ・アプローチのすすめ

山中英生・小谷通泰・新田保次 著　B5変判・192頁・定価 本体3800円＋税

低炭素化、高齢社会への対応のため、歩いて暮らせるまち、人と環境に優しい交通への転換が始まった。成功のためには、明確な目的とビジョンをもった「戦略」が必要であり、目的達成の決め手は様々な手法を絡めるパッケージ・アプローチによる自治体の取り組みにある。世界で急展開する交通施策の理論・手法と先進事例を紹介。

モビリティをマネジメントする
コミュニケーションによる交通戦略

藤井聡・谷口綾子・松村暢彦 編著　A5判・192頁・定価 本体2300円＋税

交通渋滞、バスや鉄道の経営難、中心市街地の衰退、これは人間が引き起こした社会的な問題だ。そこで市民の意識や常識に働きかけ、クルマ依存からクルマをかしこく使う方向へ、人々の自発的な行動転換をはかるのがモビリティ・マネジメント（MM）だ。その考え方や手法を初めてMMを担当する人、戸惑いがある人へ説く。

学芸出版社 | Gakugei Shuppansha

- 図書目録
- セミナー情報
- 電子書籍
- おすすめの1冊
- メルマガ申込（新刊＆イベント案内）
- Twitter
- Facebook

建築・まちづくり・コミュニティデザインのポータルサイト

WEB GAKUGEI
www.gakugei-pub.jp/